Sumário

HISTÓRIAS SECRETAS

Os bastidores dos 40 anos de PLAYBOY no Brasil

CARLOS COSTA • CARLOS GRASSETTI • CARLOS MARANHÃO

EDSON ARAN • HUMBERTO WERNECK • J.R. DURAN

MARCELO DUARTE • MARCOS EMÍLIO GOMES • MAURÍCIO NAHAS

NIRLANDO BEIRÃO • RICARDO SETTI • RUY CASTRO • SÉRGIO XAVIER

THALES GUARACY • THOMAZ SOUTO CORRÊA

Prefácios de

JUCA KFOURI • LUCIANO HUCK

PANDA BOOKS

Diretor editorial
Marcelo Duarte

Diretora comercial
Patty Pachas

Diretora de projetos especiais
Tatiana Fulas

Coordenadora editorial
Vanessa Sayuri Sawada

Assistentes editoriais
Mayara dos Santos Freitas
Roberta Stori

Assistente de arte
Mislaine Barbosa

Capa
Mislaine Barbosa

Diagramação
Victor Malta

Preparação
Beatriz de Freitas Moreira

Revisão
Carmem T. S. Costa

Impressão
Cromosete

CIP-BRASIL. CATALOGAÇÃO NA FONTE
SINDICATO NACIONAL DOS EDITORES DE LIVROS, RJ

Histórias secretas: os bastidores dos 40 anos de *Playboy* no Brasil / Carlos Costa ... [et al.]. – 1. ed. – São Paulo: Panda Books, 2016. 256 pp.

ISBN: 978-85-7888-603-5

1. Jornalismo. 2. Comunicação – Aspectos sociais. I. Costa, Carlos. II. Título.

16-32559 CDD: 070
CDU: 07

2016

Um selo da Editora Original Ltda.
Rua Henrique Schaumann, 286, cj. 41
05413-010 – São Paulo – SP
Tel./Fax: (11) 3088-8444
edoriginal@pandabooks.com.br
www.pandabooks.com.br
Visite nosso Facebook, Instagram e Twitter.

Apresentação

> "É uma revista para ajudá-lo a tornar-se completo. Para atualizá-lo em todas as áreas de seu interesse inteligente: esporte, aventuras, arte, cinema, moda, literatura. E naturalmente, nas doses certas, um outro assunto de grande interesse: a mulher."
>
> Victor Civita, fundador da Editora Abril,
> na edição nº 1 da *Revista do Homem* (*Playboy*) em agosto de 1975

Os leitores da edição brasileira de *Playboy** ficaram desemparados por bem pouco tempo. Em novembro de 2015, a Editora Abril anunciou que deixaria de publicar a revista masculina de maior sucesso no mundo depois de quarenta anos. Ela foi lançada em agosto de 1975 com o nome *Revista do Homem* por imposição da censura. No Brasil, *Playboy* só passou a se chamar *Playboy* mesmo em julho de 1978. A 487ª e última capa, já em dezembro de

---

* Mario de Andrade, primeiro diretor de redação de *Playboy*, dizia que o uso do feminino não combinava com o caráter masculino da revista, razão pela qual não permitia o uso de "**na** *Playboy*/ **da** *Playboy*/ **a** *Playboy*". Neste livro, respeitamos o estilo dos autores e mantivemos a maneira como cada um se refere à publicação. (N.E.)

2015, foi estrelada pela fotógrafa Lu Ferreira, apresentada como a "Paparazzo Misteriosa".

Três semanas depois, a PBB Entertainment, uma empresa do Paraná, anunciou que voltaria a publicar *Playboy* brasileira a partir de abril de 2016. Mas, nesse curto espaço de orfandade, muitos fãs escreveram textos emocionados sobre esses primeiros quarenta anos de *Playboy* no Brasil.

Dessa paixão pelo título nasceu este livro, que reúne histórias vividas por 15 profissionais – jornalistas, fotógrafos e ex-diretores – que passaram pela revista em diferentes momentos. Registros dos bastidores de uma publicação que já teve vendagens espetaculares, como a capa com Joana Prado, que fez na TV a personagem "Feiticeira", com 1,25 milhão de exemplares. Histórias de como *Playboy* se tornou referência editorial entre todas as edições do mundo, publicando entrevistas e perfis históricos, reportagens premiadas, ilustrações, fotos e textos de autores renomados, e – como escreveu Victor Civita em 1975 – um outro assunto de grande interesse: ensaios com as mulheres mais desejadas e amadas do país.

Muitas histórias ainda serão contadas sobre *Playboy* no Brasil (outros profissionais foram chamados para escrever, mas declinaram do convite, incluindo quatro mulheres que tiveram postos-chave na edição brasileira). Este é o ponto de partida para você, leitor, entender como *Playboy* se transformou na "revista mais gostosa do Brasil".

PREFÁCIO

Juca Kfouri

Dirigir a *Playboy* entre 1991 e 1994 foi dos maiores desafios de minha carreira.

E dos maiores prazeres que tive, principalmente nos dois últimos anos.

Dos maiores desafios porque se tratou de substituir o brilhante diretor e fundador da *Playboy* brasileira, Mário Escobar de Andrade, um obsessivo editor que acreditava piamente, e agia exaustivamente para impor sua crença, de que Deus está nos detalhes.

Manter o padrão de qualidade estabelecido por ele era a minha missão.

Missão que se tornou das mais prazerosas quando a redação da *Playboy* foi chefiada pelo brilho de Humberto Werneck, coadjuvado por dois dos mais competentes jornalistas do país, Eugênio Bucci e Nirlando Beirão.

Na arte, a excelência de Carlos Grassetti e um bando de fotógrafos de finíssimo trato, de Pedro Martinelli a J.R. Duran. Como querer mais?

Tocávamos a revista de ouvido, com a colaboração de repórteres como Audálio Dantas, Fernando Morais, Fernando Pacheco Jordão, Ricardo Boechat, entre tantos, além de Guilherme Cunha Pinto, o Jovem Gui, que nos faz também tanta falta.

Sim, a mulher de capa era fundamental, mas num período em que o Brasil foi assolado pela política econômica de Fernando Collor, não havia como pagar cachês estratosféricos e o investimento em bom jornalismo manteve a *Playboy* como uma das principais publicações do país, sempre com enorme repercussão, prestígio e rentabilidade, capaz de dar furos em cima de furos.

Particularmente, tive três alegrias das quais me orgulho: uma entrevista com Pelé, em que ele denunciou a corrupção na Confederação Brasileira de Futebol (CBF) e por 11 vezes começou suas respostas dizendo "eu nunca falei disso antes"; a mudança da política internacional da *Playboy*, que até então não mencionava a necessidade de fazer sexo seguro em tempos de Aids, algo que passou a fazer depois que publicamos uma reportagem assinada por Conceição Lemes que veio a ganhar um prêmio da Organização Mundial da Saúde (OMS); e, finalmente, a revelação da identidade de Carlos Zéfiro, o autor de gibis eróticos responsável pela iniciação sexual de algumas gerações de brasileiros.

Alcides Caminha, eis o nome dele, era um funcionário público aposentado que temia perder seu parco salário caso viesse a ser revelado. Foi, ainda, parceiro de Nelson Cavaquinho em *A flor e o espinho* – "Tire o seu sorriso do caminho que eu quero passar com a minha dor".

A reportagem, publicada em novembro de 1991, é a de que mais me orgulho de ter escrito, até para mostrar que jornalismo investigativo não é necessariamente sinônimo de denúncia. Publicá-la foi como um parto, tamanha a resistência do personagem, nem um pouco feliz em ter sido descoberto.

Depois de concordar com a publicação, após uma verdadeira assembleia familiar, a matéria lhe valeu paraninfar uma turma de comunicação da Universidade Federal do Rio de Janeiro, ser homenageado na Bienal de Quadrinhos e entrevistado no programa de Jô Soares.

Morreu sete meses depois, reconhecido e coberto de glórias.

Como diretor da revista também tive a oportunidade de ver como o gênero humano é capaz de ser mesquinho para se aproveitar de situações em que está com a faca e o queijo nas mãos.

Uma maravilhosa capa da *Playboy*, em meio às negociações, não só fez questão de pedir champanhe francês em jantares que promovemos, como, pior, entrou em minha sala para fazer uma ligação internacional na conta da Editora Abril.

Atitudes menores, embora marcantes, de um período de ouro não só da revista, mas da própria editora, quando Thomaz Souto Corrêa era guardião e inspiração de excelência editorial.

Deixei a *Playboy*, para relançar a *Placar*, nas mãos de Ricardo Setti, que não deixou a qualidade e a rentabilidade caírem.

Depois dele, no entanto, começou a agonia, com entrevistados popularescos, mulheres em posições ginecológicas, reportagens irrelevantes, um caso bizarro em que a revista masculina número um do Brasil baixou o nível para ficar igual às concorrentes.

Era o começo de uma morte anunciada.

Até que a agonia começasse, porém, foram décadas de grandes histórias, de muito talento e "glamour", como você poderá constatar a partir de já com a leitura dos depoimentos de quem fez da *Playboy* brasileira, fato reconhecido pela matriz, a melhor de todas as edições internacionais da revista.

Tenho certeza de que será bom para você.

JUCA KFOURI

é formado em ciências sociais pela USP. Diretor das revistas *Placar* (1979-1995) e da *Playboy* (1991-1994), foi também comentarista esportivo do SBT (1984-1987) e da Rede Globo (1988-1994). Participou do programa *Cartão Verde*, da Rede Cultura, e apresentou o *Bola na Rede*, na RedeTV. Atualmente está também na ESPN-Brasil, apresenta o programa *CBN EC*, na rede CBN de rádio e é colunista da *Folha de S.Paulo*.

TRIBUTO A UM COLEGA E AMIGO

Thomaz Souto Corrêa

Entro correndo no Hospital Albert Einstein. Vejo o Juca Kfouri andando esbaforido de um lado para outro.

– E então?

– Morreu.

Mário Escobar de Andrade, nosso amigo e colega, estava morto. Era 1º de fevereiro de 1991. Tinha 46 anos de idade. Marta e Fernando, Luciano também, os que moravam com ele, perdiam ali um marido, um pai e um padrasto, cuja falta abria um vazio na vida difícil de preencher. Pedro e Kitty, filhos do primeiro casamento, sentiram igualmente a dor da imprevista e absurda morte do pai. Nós, de nossa parte, dizíamos adeus a um amigo e a um colega igualmente difícil de substituir. A carreira do jovem jornalista carioca, que chegara à Abril em julho de 1967 para trabalhar como redator na revista *Quatro Rodas*, encerrava-se ali muito antes da hora: redator de *Quatro Rodas*, redator-chefe de *Homem*, diretor de redação de *Homem* e da *Playboy*, diretor-gerente (ou seja, editorial e comercial) de um grupo que incluía, entre outras, as próprias *Quatro Rodas* e *Playboy*, Mário estava passando por experiências que o levariam – tenho certeza – a postos muito mais importantes.

O rabino Henry Sobel explicou como deveríamos encarar a perda do Mario: "Imaginem um navio que deixa a terra para trás e vai ficando cada vez menor, até que chega à linha do horizonte e desaparece. Assim é a morte de uma pessoa querida". Mario tinha ido embora, mas deixava uma história de sucesso e um exemplo de como o talento precisa de dedicação quando se quer dar certo.

Nesses 24 anos de Editora Abril, Mario se tornara um "revisteiro", expressão que guardamos para alguns, poucos, que têm paixão e obsessão pela arte e pela técnica de fazer revistas. Mario tinha uma antena, um radar ligado o tempo todo. Quem faz porque gosta não desliga o radar nunca. Não existem férias, nem fins de semana para quem tem obsessão por fazer sempre o melhor, à procura do colaborador ideal, em busca de um bom assunto que pode estar em qualquer lugar: na rua, nos jornais, nos livros, na televisão.

Segunda-feira era o dia em que chegavam bilhetinhos, cópias de páginas de livros, recortes de revistas e jornais do Brasil e do mundo ocidental – "Que tal isso?"; "E isto, não dá matéria?"; "Olho nessa moça: talvez seja a capa da edição de aniversário do ano que vem…". Bilhetinhos, numa caligrafia ansiosa, iam para comandados, pares e comandantes. Sim, ele havia passado o fim de semana pensando em como melhorar a revista.

Fui ao *Houaiss* ver se encontrava uma definição para "revisteiro". Encontrei a seguinte: **revisteiro** *s.m. TEAT*

1. *aquele que escreve esquetes, pequenos textos etc. para serem encenados em teatros de revista.* **2.** *pequeno recipiente, de palha, madeira ou qualquer outro material, em que se colocam as revistas e jornais; porta-revistas.* Uai, *Houaiss* (não resisti), e nós, "revisteiros", como ficamos? Somos pessoas, de todos os sexos, que trabalhamos em revistas, mas o que nos diferencia é a paixão e a obsessão. Se livreiro vende livros, jornaleiro vende jornais, revisteiro também vende revistas, não só o produto físico, mas também as ideias que vão impressas nelas. Ideias na forma de textos, fotos, desenhos e gráficos, organizados de maneira a construir um conjunto que seja coerente e irresistível. Também podemos ser um porta-revistas, não só porque andamos com elas nas mãos, e as colecionamos em estantes, mas também porque as guardamos na cabeça, nos arquivos mentais e nos sonhos, que às vezes viram pesadelos. Procurei a definição porque conheço alguns deles, e porque estou aqui me lembrando do Mario, que fez a *Playboy*, que por sua vez ficou conhecida na época como "a revista mais gostosa do Brasil".

Carioca, Mario Escobar de Andrade entrou em revistas a convite de outro carioca, Mauro Ivan Pereira de Mello, que dirigia a *Quatro Rodas*. Mario vinha de uma experiência em jornais cariocas e não poderia ter escolhido melhor mentor para entrar no fascinante mundo das revistas. Mauro Ivan era uma rara combinação de jornalista e designer gráfico exigindo, nas duas funções, um padrão de qualidade editorial internacional. Com Mauro Ivan, Mario viu a importância do aspecto visual numa boa revista: é o que atrai o leitor para o bom texto. Quando Mauro Ivan foi chamado para trabalhar no projeto da edição brasileira da *Playboy*, levou o Mario já como redator-chefe. A revista nasceu como *[A revista do] Homem*, porque a censura vetou o nome "Playboy", que associava com luxúria e pecado. Nos Estados Unidos a *Playboy* era uma revista sofisticada, que publicava os grandes nomes do jornalismo e da literatura contemporâneos; as ilustrações eram de artistas plásticos igualmente famosos; as reportagens sobre roupas e bebidas mostravam as tendências de um estilo de vida que ensinava o leitor a ser o mais elegante, e o mais bem informado.

A *Playboy* também cobria as temporadas cultural e esportiva, apontando sempre os artistas e os jogadores que iam ser destaque na imprensa, no cinema, na televisão. A revista organizava festivais de jazz que eram os mais importantes da época. E publicava **"a"** entrevista. Páginas e páginas de perguntas e respostas, registradas em horas e horas de conversa, sempre com uma personalidade cujas declarações iriam causar sensação. Só para dar um exemplo, publicou uma entrevista com o ex-presidente norte-americano Jimmy Carter, em novembro de 1976, e também conversou com Fidel Castro, em agosto de 1985, feitos jornalísticos inéditos naqueles tempos.

Foi essa a receita editorial usada por *Homem*, lançada em agosto de 1975, dirigida por Mauro Ivan, tendo Mario como redator-chefe. Em junho de 1978, o Mario foi promovido a diretor de redação. Logo depois, o nome "Playboy" foi liberado pela censura. A revista foi um sucesso nas bancas, confirmando que a marca era internacional e desejada também pelo leitor brasileiro. O melhor de tudo é que a revista já estava pronta, vinha sendo testada, analisada e melhorada desde 1975.

Perfeccionista e detalhista, Mauro Ivan era um diretor de redação que cuidava das vírgulas com o mesmo apuro com que tratava os fios de páginas. Mario manteve esse rigor, e acrescentou obsessão na busca de fazer o melhor, cada vez melhor. O primeiro diretor da *Playboy* brasileira conseguiu que "uma revista de mulher pelada" – como a chamavam os detratores – virasse leitura obrigatória de dezenas de milhares de leitores de todas as idades. Claro que os atraía a beleza das moçoilas despidas, mas também os surpreendia a qualidade das fotos e a elegância dos cenários.

Apesar de inspirado na *Playboy* ianque, o projeto gráfico de *Homem* tinha identidade própria. Aberturas de matérias em página dupla eram impactantes, mas as páginas de continuação e as seções eram trabalhadas com recursos gráficos para continuar prendendo a atenção do leitor. Em 1978, Mario chamou Carlos Grassetti para ser o diretor de arte da revista. Fizeram uma dupla de deixar saudade. Produziam uma revista elegante e divertida, que contrastava com a vulgaridade das publicações que se dedicavam somente a "mulheres peladas", grosseiras e de qualidade sempre duvidosa.

Quando apareceram na edição brasileira as famosas entrevistas da *Playboy*, as personalidades eram selecionadas com o mesmo cuidado com que se escolhia a mulher da capa. Uma lista parcial de entrevistados incluía Hélio Bicudo, Chico Buarque, Lula (ele mesmo...), Caetano, Gilberto Freire, Ziraldo (que criou para a revista o personagem Mineirinho), Pelé, Jorge Amado, Delfim Netto, Vera Fischer, Sônia Braga, Xuxa, Regina Duarte, Bruna Lombardi, Fernando Henrique Cardoso, Marta Suplicy, então sexóloga. E o mesmo rigor de seleção valia para os artigos, as reportagens, a ficção e o que as revistas chamam de "matérias de serviço": comidas e bebidas, roupas, os esportes mais sofisticados, os destaques das temporadas artísticas, tudo para ajudar o leitor a ser um homem invejado, um playboy internacional, rei das conversas no escritório e nas rodas de bar. O sedutor pronto para a conquista.

Sedutor mesmo era o diretor da revista. Quando se empenhava, ficava difícil resistir à sua lábia. Mario já havia percebido que uma grande revista se fazia com grandes equipes e grandes colaboradores. E que era preciso seduzi-los para trabalhar ou colaborar com a *Playboy* brasileira. Adorava receber. Transformou a própria casa em extensão da redação e convidava os colegas e candidatos a colaboradores para simpáticas reuniões, que se transformavam em deliciosos jantares. Para isso, Mario tinha a conivência da mulher, a arquiteta e urbanista Marta Grostein, ela mesma um dos bons papos da noite, sempre bem-humorada, sorria da bagunça frequentemente internacional, sabendo que era importante para ele.

A tática de conquistar os candidatos a colaborador ou a um posto na redação também envolvia restaurantes famosos ou ainda em fase de descoberta. Um exemplo eram os japoneses da Liberdade, no tempo em que ainda não existia um nipônico fajuto a cada quarteirão, como acontece hoje em alguns bairros da Pauliceia. Mario presidia o jantar às vezes com cuidado dobrado, como quando descobria que – para alguns convidados – era a primeira vez em um restaurante japonês.

A conquista da brasilidade na revista foi facilitada pela presença nas páginas da *Playboy* de poucos artigos e ensaios tirados da edição norte-americana, mas obtida sim, com muito material produzido localmente. E essa revista brasileira era com frequência a segunda em venda de exemplares, entre as inúmeras edições internacionais.

Mario mantinha a redação ligada no que acontecia usando os famosos bilhetinhos e muita conversa sobre ideias de pauta, leituras originais, nomes que deveriam aparecer na revista. Não só escrevendo, mas também fotografando e posando. Os ensaios fotográficos eram feitos por Antonio Guerreiro, Bob Wolfenson, J.R. Duran, Klaus Mitteldorf, Pedro Martinelli, Luiz Tripolli. As mulheres de capa eram a festa das bancas de revistas: Betty Faria, Lucélia Santos, Vera Fischer, Xuxa (ela mesmo...), Christiane Torloni, Claudia Raia, Sônia Braga, Maitê Proença, Bruna Lombardi. Imaginem o impacto desses ensaios fotográficos com essas deusas mais de trinta anos atrás?

A revista também era gostosa de ler. A qualidade do texto era uma das obsessões do diretor. Daí a querer contratar e convidar para colaborar os jornalistas de mais destaque na imprensa e na televisão. Alguns estão contando histórias neste livro. (Não, não vou citar nomes de destaque porque não cabe o nome de todos, e eu não vou me arriscar a deixar alguém de fora.) Havia até uma brincadeira segundo a qual a *Playboy* era uma verdadeira academia de letras já que reunia – além de um Mario de Andrade – um Ruy Barboza, como redator-chefe, e um Fernando Pessoa, como editor de texto. O expediente e a lista de colaboradores reluziam com nomes conhecidos, inclusive os que sucederam Mario na direção da revista e que haviam trabalhado com ele: Carlos Costa, Carlos Maranhão, Juca Kfouri e Ricardo Setti. Mas não foram somente esses senhores que chegaram à direção porque, habituada em surpreender, a revista nomeou uma mulher para o cargo de diretora: Dulce Pickersgill, que – na função que chamamos de editora visual – vinha dando à revista um padrão de produção fotográfica muito superior ao que se via nas publicações da época. Dulce foi a primeira diretora de redação da revista mas não a única: anos depois, Cynthia de Almeida assumiu o mesmo posto.

Mas Mario de Andrade não era só um jornalista brilhante, que sabia ver o que era uma boa história para contar na *Playboy*, ou qual mulher seria mais desejada por seus leitores. Tinha também tino comercial. Conhecia maneiras de vender o leitor para anunciantes e agências, e vender a revista para os leitores. Era inevitável que fosse visto pela direção da Editora Abril como candidato ao que os norte-americanos chamavam de "Editor & Publisher", responsável não só pela redação mas também pela área comercial. Ou seja, além do editorial comandaria também as áreas de venda de publicidade e de distribuição de exemplares.

E lá foi o Mario para Lausanne, na Suíça, fazer um curso de administração de empresas no International Institute for Management Development (IMD), conhecida escola internacional de negócios, rito que a direção da Abril reservava para os diretores que se destacavam em funções múltiplas, especialmente – mas não só – os diretores editoriais que assumiam responsabilidades comerciais e administrativas. E assim a vida de Mario de Andrade se encaminhava dentro da Editora Abril para cargos que se tornariam mais e mais complexos, o que não intimidava o jovem jornalista cada vez mais preocupado não só com vendas, mas também com lucro. Ao contrário, as novas perspectivas o motivavam, fazia planos para grandes projetos comerciais. Envolvia-se nas complicadas operações de distribuição.

Até aquele dia em que eu cheguei correndo no Einstein e perguntei para o Juca: "E então?".

THOMAZ SOUTO CORRÊA
começou no jornalismo em 1957 na redação de *O Estado de S. Paulo*. Em 1963 foi para a Editora Abril, onde chegou ao cargo de vice-presidente executivo e diretor editorial. Atualmente, é vice-presidente do Conselho Editorial do Grupo Abril e consultor editorial. Foi o primeiro presidente latino-americano do Conselho Diretor da Fédération Internationale de la Presse Périodique (FIPP), que reúne editores de revistas de todo o mundo e da qual é membro do Conselho Consultivo.

O COMEÇO DE UMA HISTÓRIA: OS 15 PRIMEIROS ANOS

Carlos Costa

Zeugma Sgroi foi sem dúvida a datilógrafa mais rápida e eficiente que conheci. Era capaz de colocar textos diversos em laudas de vinte linhas na quantidade de toques pedida pelo produtor gráfico num tempo muito inferior ao de qualquer outra das datilógrafas da Editora Abril. Chamavam-se internamente de "laudas duque" – um sistema de contagem de toques por linha impressa que permitia calcular o espaço que determinado texto ocuparia em uma página de revista.

Conheci Zeugma no final de 1974, no projeto de uma revista semanal que não chegou às bancas, a "SP". Seria uma revista de tamanho um pouco maior do que o tradicional "formato Pato" (referência aos gibis da Editora Abril) – o que é hoje o formato dos guias semanais que jornais como *O Estado de S. Paulo* ou *Folha de S.Paulo* publicam às sextas-feiras. O projeto da "SP" estava sob o comando de Paulo Patarra, o grande editor da *Realidade* no momento de auge daquela revista. Zeugma havia trabalhado com Patarra na *Realidade* e compunha o time da futura semanal que levaria para os leitores da capital a programação de cinema, restaurantes, shows – como é hoje a *Veja São Paulo* ou os citados suplementos de jornais. Luiz Fernando Mercadante, Hamilton de Almeida Filho, Iara Rodrigues, Neusa Pinheiro, muitos dos jornalistas que trabalhavam no projeto da "SP" eram remanescentes da mítica *Realidade*.

Meu nome fora indicado a Patarra pelo produtor gráfico da revista *Placar*, o Jurandir Xavier Chamusca, que me conhecera nas madrugadas durante a revisão da semanal de futebol da editora.

A experiência durou pouco mais de dois meses. Foram rodados dois números "zero" e o projeto da "SP" foi descartado, talvez por falta de carisma da revista para o mercado publicitário. Mas foi uma rara oportunidade de conviver com um "monstro sagrado" da imprensa, o Paulo Patarra, personagem simples, humilde, que vinha pedir que eu lesse alguns textos, como o da reportagem sobre o Zoológico, ou uma história de capa que, usando recursos de montagem em tempos muito anteriores ao Photoshop, localizava a catedral da Sé em pleno parque do Ibirapuera, tendo o lago aos pés da escadaria da igreja. Paulo ouvia meus comentários (eu era o revisor e preparador de textos da publicação) como se fossem os de um veterano do jornalismo.

Com a decisão da cúpula da Editora Abril de não levar adiante o projeto da semanal, pensada nos moldes da *Pariscope* francesa, retornei para a revisão do departamento de texto, no setor da Gráfica (Abril S/A Cultural e

Industrial). Fui meio castigado pela ousadia de haver tentado sair da "fábrica" para ir para a Editora. Durante um bom período me tocou a tarefa de "bater emendas", ou seja, checar se os pedidos de correção feitos pela revisão haviam sido realizados. Tarefa mecânica, sem nenhuma satisfação intelectual.

No início do ano seguinte, 1975, a Editora Abril montou outro time para trabalhar no projeto de uma revista mensal masculina. Chamava-se em código "Projeto Oh!", já trabalhado anteriormente por Paulo Patarra e alguns outros jornalistas. Agora fora confiado ao jornalista Eurico de Andrade, sob a direção do diretor do grupo de revistas masculinas Mauro Ivan Pereira de Mello, o editor de *Quatro Rodas*. Eurico de Andrade tinha sido chefe de reportagem do *Última Hora* no Recife, passou pela reportagem na *Quatro Rodas*, integrou depois o time da *Realidade*. Ali, ganhou o Prêmio Esso pela reportagem "Eles estão com fome", sobre a exclusão no Brasil. Como escreveu José Hamilton Ribeiro no site Observatório da Imprensa por ocasião de sua morte, em 2005: "Eurico não tinha a graça e a malícia do texto de José Carlos Marão; não era machadiano como Luiz Fernando Mercadante; não fazia mergulhos psicológicos como Roberto Freire; não 'viajava' como Narciso Kalili. Mas era o que batia mais forte". Em pouco mais de dois meses bateu de frente com Mauro Ivan e saiu da empreitada.

Foi na cozinha de *Quatro Rodas* que o projeto da revista masculina nasceu. Com o desentendimento entre Eurico de Andrade e Mauro Ivan, este chamou Mario Joaquim Escobar de Andrade para seguir no projeto. Foi então que Zeugma Sgroi, agora nessa nova empreitada, sugeriu meu nome a Mario.

Mario havia sido secretário de redação da *Quatro Rodas* e também passara pela *Realidade.* Havia deixado a Abril para compor o time de repórteres que lançou em Londrina o jornal *Panorama*, de propriedade do político local Paulo Pimentel. A proposta era ousada, e Pimentel levou para o norte do Paraná jornalistas de peso, como Narciso Kalili, Hamilton de Almeida Filho (o Hamiltinho), Mylton Severiano, José Trajano, o escritor João Antônio e Ruy Fernando Barboza, que dividira a secretaria de redação da *Quatro Rodas* com Mario de Andrade. Com um time dessa estatura e da pesada como esse, o jornal, lançado em 9 de março de 1975, logo teve sérios problemas, até de rejeição dos "alienígenas" pela sociedade local – a equipe de repórteres importados seria demitida dois meses depois.

Assim, Mario de Andrade estava de volta a São Paulo e aceitou o desafio de tocar o projeto da nova revista masculina. O fato de eu ser de Londrina foi decisivo para Mario fechar o convite para ser o secretário de redação da nova publicação. E a corrida contra o tempo começava.

As idas e voltas de Mario à sala de Mauro Ivan eram infindáveis. Tratava-se de definir o modelo e o padrão gráfico da publicação, inspirada de algum modo na revista *Playboy* norte-americana. Mauro Ivan se julgava um excelente designer e trocava os rumos do visual da publicação duas ou três vezes por semana. A direção de arte da revista era um trabalho a mais para o chefe de arte da *Quatro Rodas*, Antônio Carlos Marsiarelli. Com um estilo personalista e centralizador, Mauro Ivan muitas vezes saía de sua sala no final do quarto andar do Edifício Abril, na avenida Otaviano Alves de Lima (a marginal do Tietê), carregando uma pesada carteira de couro recheada de papéis e documentos, caminhando em ritmo veloz, com o chefe de arte correndo atrás dele, com meia dúzia de pranchas de cartolina com o desenho das páginas (*paste-up*) para aprovação. Mauro Ivan ia pontuando: "aumenta esta foto, troca esta por aquela"... O pobre chefe de arte precisava de excelente memória visual para voltar à prancheta e fazer as mudanças ordenadas no sufoco.

Nas muitas alterações de tamanho e tipologia, um dos textos do primeiro número, "Um conto de fadas", ficção de Vladimir Nabokov, foi datilografado quatro vezes por Zeugma Sgroi. Com 37 caracteres por linha, depois com 35, e novamente, com 42 caracteres..., para que o secretário gráfico Claudio Yida pudesse calcular quantas páginas o texto ocuparia. Na versão final impressa, o conto de Nabokov ocupou sete páginas: a primeira, uma ilustração de Elizabeth Bennett na página 82; o título e três colunas de texto na 83; outras cinco colunas de texto nas páginas 84 e 85, com meia coluna com a biografia do autor; seis colunas de texto nas páginas 86 e 87, tendo esta um pequeno cartum inserido; e finalmente três colunas de texto na página 88, também com um pequeno cartum.

O primeiro número de *[A revista do] Homem* foi às bancas no início de agosto de 1975. A capa era composta pela foto de um casal: ele meio fora do foco, com terno, camisa e colete brancos, gravata de seda azul; ela nua, de costas, olhando para o leitor. O corte da foto era no início das nádegas da modelo. Do lado direito uma lista com os nomes de 17 homens: Jorge Amado, Pelé, Arthur C. Clarke, Paulinho da Viola, Vladimir Nabokov, J. Paul Getty, Francis Ford Coppola, Roberto Drummond, José Inácio Werneck, Isaac Karabtchevsky, Carlos Castello Branco, Célio Borja, Franco Montoro, Hermilo Borba Filho, John K. Galbraith, Paul Samuelson, Pietro Maria Bardi.

Abaixo dessa longa lista, duas chamadas. Moda: Dior, Cerruti, Cardin e Lapidus. E "Os melhores bares do mundo". Do lado esquerdo, três chamadas: "Exclusivo: a intimidade de Kennedy", "Mulher: Valerie Perrine, a melhor atriz de Cannes", e "Poster: Lívia". Não havia nenhuma foto de nu frontal, mostrando os proibidos pelos pubianos, nas páginas desse número de estreia.

A redação tinha no quadro fixo, além do redator-chefe Mario Escobar de Andrade, os editores Hedyl Valle Jr. e Rui Martins; a pesquisadora Neusa Pinheiro Coelho; o produtor gráfico Claudio Yida e o secretário de redação Carlos Roberto da Costa, com a datilógrafa e secretária Zeugma Sgroi. Mas, no expediente, constavam todos os nomes do *staff* de arte e produção da revista *Quatro Rodas*, incluindo os repórteres fotográficos Luigi Mamprin e José Maria dos Santos.

Roberta Close: única reimpressão na história da revista

Dezembro de 1983. Estava emendando o fim de semana em Brasília, às voltas com o levantamento de dados para a publicação do "III Ranking Playboy das Melhores Faculdades do Brasil", projeto iniciado em 1981 e publicado pela primeira vez em março do ano anterior.

Para quem não é residente ou não tem amigos na cidade, um fim de semana em Brasília é programa de índio, com direito a carteirinha da Funai. A Editora Abril tinha convênio com o já meio decadente Hotel Nacional, da Rede Othon, inaugurado com a visita da Rainha Elizabeth II, salvo engano. Mas havia a piscina, o que fazia diferença. Estava tomando sol e aproveitando a água, quando percebo comentários de um grupo de desocupados, como eu, naquela manhã de sábado. O tema da conversa era uma foto publicada na seção "Click" da *Playboy*.

Essa seção trazia fotos de celebridades e do "Mundo de Playboy" em festas e em atitudes de "flagra" (geralmente pernas cruzadas com calcinha à vista). Claro que muitos cliques eram combinações entre as modelos e os *paparazzi*, mas fazia parte do pacote. Naquele dezembro de 1983 a repórter Olimpia Ciabattari, da sucursal do Rio de Janeiro, havia enviado a foto de um travesti, Roberta Close, que era o buchicho do Rio por causa de um comercial em que recomendava aos clientes de uma loja de móveis, a Gelli, "cuidado com as imitações".

Os executivos daquela roda na piscina do Hotel Nacional comentavam a foto da "Click", a revista aberta sobre a mesinha de serviço, havia certo alvoroço. Pensei comigo: "essa vai dar pano para mangas".

Em fevereiro de 1984, quando a edição de março e seu ranking das melhores faculdades já se encontrava em processamento na gráfica, as negociações com Luiz Roberto Gambine Moreira estavam avançadas. A primeira conversa por telefone havia caminhado bem. Dono de uma voz doce, Gambine aceitou vir a São Paulo discutir os detalhes do contrato e do pagamento para uma sessão de fotos – na contramão do que costumava suceder: sempre o "recrutador" ia até a candidata (geralmente o Rio de Janeiro, por causa da Rede Globo e da concentração de atrizes e de *instant celebrities* da antiga capital federal). O dia em que Luiz Roberto ou Roberta Close chegou ao edifício Panambi, na rua Geraldo Flausino Gomes, 61, no Brooklin, onde se concentravam as redações das revistas mensais da Abril, o *frisson* tomou conta dos 14 andares do prédio.

Minha sala era um espaço aberto, com divisórias de metro e meio de Duratex. Pretextando qualquer desculpa, a ascensorista deixou um dos três elevadores parados no décimo andar, o da *Playboy*, e fingiu vir entregar algum envelope. Como não coube a ela trazer a convidada, quis ver com os próprios olhos.

Roberta Close era deslumbrantemente feminina e doce. Tivemos uma rápida conversa, ela aceitou a proposta, assinou os documentos. A produção já estava em andamento. No dia seguinte haveria a série de fotos no Estúdio da Editora Abril, a poucos quarteirões dali, na rua Professor José Leite e Oiticica. Enquanto ela esteve sentada na cadeira da entrada da minha baia, onde na semana anterior estivera Luiza Brunet, o detalhe que mais chamou a atenção foi o tamanho do pé. Roberta Close deveria usar sapatos 43.

Fui com o carro da Editora Abril levar Roberta Close até o Hotel Eldorado Higienópolis, na rua Marquês de Itu, 836. Conosco ia o editor especial Pedro Cavalcanti, que entrevistaria Roberta para ter subsídios para o texto que acompanharia as fotos. Lembro-me bem do total constrangimento do Pedro Cavalcanti perante a situação: ele subiria para o quarto e ficaria na companhia de Roberta.

Pedro é um paulistano diria que atípico. Um completo *gentleman*, grande conhecedor de conhaques e de bons vinhos. Foi durante uma década correspondente da revista *Veja* em Paris, num daqueles momentos em que a editora e a *Veja* eram o sonho de consumo de todo jornalista. Pedro foi enviado especial a três guerras, um grande contador de causos, homem culto, e dirigia com extrema elegância um Ford Galaxy Landau 302 V8, talvez do final da década de 1970. Quando me despedi de Pedro e de Roberta no hall do Eldorado Higienópolis, percebi um olhar como de pedido de misericórdia de parte de Pedro.

No dia seguinte, na redação do décimo andar do Panambi na Flausino Gomes, Pedro comentava com o redator-chefe, o bom mineiro Carmo Chagas, a tortura daquela entrevista, que considerava desnecessária. Creio que tinha razão. Certamente poucos compradores da revista leriam o texto de Pedro, o interesse era pelas fotos.

Os 300 mil exemplares rodados dessa edição se esgotaram em poucos dias. Foi a primeira e única vez na história da *Playboy* brasileira que um número teve a segunda tiragem. Mesmo sem ser a "estrela da capa", Roberta ocupava uma "janela" no alto à esquerda, em pose de pantera, meio agachada, pronta para o bote: "Incrível, as fotos revelam por que Roberta Close confunde tanta gente!". A modelo da capa era Lívia ("Da Universidade Mackenzie e do Programa Flávio Cavalcanti, Livia, esta supermorena"). Faltou a exclamação. Lívia continuou no anonimato. Roberta Close atingiu o estrelato.

Faltou ousadia para colocar Roberta na capa. Como faltou ousadia para duplicar a tiragem. Mas a situação era mesmo um atrevimento para aquele longínquo 1984. Foi até complicado explicar para os norte-americanos da Playboy Enterprises, em Chicago, que Roberta ainda tinha a genitália masculina. Mas como a edição vendeu rapidamente, provocando uma tiragem de 150 mil exemplares a mais, operação no azul, operação aprovada: típico da mentalidade monetarista norte-americana.

Hortência: maior repercussão internacional em quarenta anos de história

Quem circula hoje pela rua Augusta, altura do número 1.508, passando ao lado da fachada marcada por um mural-tapume com grafites de cores fortes, não consegue ver, mais recuado, atrás, o edifício de quase vinte andares. Talvez não saiba que a Faculdade das Américas ("nota máxima em medicina") anuncia que seu novo campus será localizado ali. Certamente não saberá que funcionou naquele endereço uma balada, a Chariot, pouco depois do fechamento de um luxuoso hotel que marcou época em São Paulo.

Ícone da hotelaria paulistana, o Caesar Park foi inaugurado ali em 1976, fechando as portas em dezembro de 2003. Naqueles dias de glória, sob o comando da executiva

Chieko Aoki, o hotel brilhava: um restaurante japonês disputava com outro de culinária francesa a preferência dos *gourmands* da capital. O apelo do francês foi, por difícil que possa parecer, pratos decorados com pitadas de pó de ouro.

Uma das suítes do Caesar Park da Augusta foi o cenário escolhido pela editora Dulce Pickersgill para que o fotógrafo Josep Ruaix (J.R.) Duran fotografasse a campeã do basquete, a internacionalmente conhecida Hortência de Fátima Marcari. Uma das maiores jogadoras da modalidade em todos os tempos, Hortência foi convidada em 2002 a fazer parte do Hall da Fama do Basquetebol Feminino dos Estados Unidos. Era, afinal, a maior pontuadora da história da Seleção Brasileira de Basquete Feminino: 3.160 pontos marcados em 127 partidas oficiais (média de 24,9 pontos por partida) e participação em cinco mundiais. Em 1990 bateu um recorde mundial: 121 cestas em uma só partida.

Hortência nasceu em Potirendaba (lugar das flores), cidade de pouco mais de 15 mil habitantes, emancipada de São José do Rio Preto em 1925. Atuou em nove clubes paulistas, três deles em Sorocaba (Clube Atlético Minercal, o Constecca-Sedox e o Leite Moça Atlético Sorocaba). Sua indicação para a lista das "Estrelas A" não foi unanimidade na redação da *Playboy*. Como negociador de contratos naquele período, fui umas quatro vezes a Sorocaba. A jogadora morava num prédio simples, apartamento-padrão de dois quartos, decorado sem nenhum exagero. Tudo foi simples nesses contatos. Em todas as vezes fui recebido como um amigo. Ao contrário de outras "estrelas", que marcavam a conversa em restaurantes de luxo, a negociação com Hortência se desenrolou ao lado de copos de suco.

Era muito delicada a preparação para a abordagem de uma escolhida para a capa de uma das edições de Estrela A, nas bancas nos meses de fevereiro e agosto. Foi o jornalista Alexandre Machado um dos artífices dessa política de contratação das estrelas da capa que marcou a passagem da *Playboy* para o time das revistas de primeira linha da Editora Abril.

Editor da área de economia da *Veja*, Alexandre foi convidado para ser o redator-chefe da *Playboy* em 1978. Nas reuniões de elaboração do projeto financeiro e de metas de circulação para o período seguinte, ele observou que a revista aumentava sua circulação quando colocava na capa alguma celebridade e, nos meses seguintes, as vendas não retornavam automaticamente ao patamar anterior, ficando no que se chamaria de "margem residual", o pequeno aumento da média de venda em banca. Certamente, concluía Machado, compradores não habituais da revista que haviam adquirido um exemplar por causa da estrela exposta na capa gostavam da revista e compravam também os números seguintes, mesmo não tendo celebridade na capa.

A partir desse raciocínio, Machado estabeleceu um quadro de celebridades "A", "B" e "C", alternando-as ao longo do ano. Por essa cartilha, fevereiro e agosto, juntamente com a edição de "festas de fim de ano", em novembro, teriam mulheres famosas ou celebridades na capa (as estrelas "A"). Os meses seguintes teriam os reforços editoriais de reportagens de forte impacto acompanhando uma mulher desconhecida (as modelos "C"), que era a "garota da porta ao lado", da teoria do fundador da revista, Hugh Marston Hefner. Fevereiro fora escolhido por se tratar de um mês fraco de publicidade: a presença de uma estrela fornecia argumento para a equipe de vendas de anúncios. Agosto era o mês de aniversário da revista. Novembro e dezembro tinham o forte apelo publicitário da temporada. Com eventuais ajustes, essa fórmula se revelou um acerto. Foram estrelas de fevereiro atrizes ou celebridades como Yoná Magalhães (fevereiro de 1986), Maitê Proença (fevereiro de 1987, seu *début* na revista), Hortência (fevereiro de 1988) e Elba Ramalho (fevereiro de 1989). Fechei o contrato com todas elas.

Com esse leque de esforços e estratégias, a edição brasileira da *Playboy* se encaminhou rapidamente para o patamar dos 500 mil exemplares, o desafio proposto por Thomaz Souto Corrêa, vice-presidente da Editora Abril, em um jantar no restaurante Sushi Yassu, na rua Thomaz Gonzaga, 98, no bairro da Liberdade, na capital paulista, como ponto de chegada para quando a revista completasse 15 anos, em 1990.

A preparação para a abordagem da estrela almejada para a capa, como dizia atrás, supunha ir ao Dedoc, o departamento de documentação da Abril, pedir as pastas de recortes de matérias e reportagens sobre a personagem, fazer um apanhado de seu trabalho. O Google e a internet não existiam na década de 1980. Quando fui conversar com Betty Faria, por exemplo (ela foi uma das desbravadoras do ensaio erótico, tendo aparecido na revista *Fairplay* em 1969, seis anos antes do lançamento da publicação *[A revista do] Homem/Playboy*, em 1975), li tudo sobre seu trabalho. Ao chegar ao apartamento da estrela, na rua Redentor, em Ipanema, eu me derramei em elogios de fã, citando diversos de seus papéis, como no filme *A estrela sobe*, de Bruno Barreto (1974), ou em novelas como *Cavalo de aço* (1973) e *Pecado capital* (1975). Esse tipo de abordagem costumava ser infalível. Falar sobre as características do signo da candidata também costumava criar ótima empatia.

Nada disso foi necessário no caso de Hortência. Uma mulher segura e simples, durante anos ela continuou enviando cartões de cidades em que participava de competições. Recebi postais de Vigo, na Espanha, e de Cingapura, entre outros.

Como no caso de Roberta Close, o departamento comercial da *Playboy* também errou nos cálculos com a tiragem da edição de fevereiro de 1988. Não tenho os números de circulação da revista, mas deve ter ido para as bancas algo como 400 mil exemplares, esgotados rapidamente. E ocorreu algo inédito. Dada a grande procura pela revista, muitos jornaleiros escondiam os exemplares. Diante da insistência dos compradores, faziam uma proposta por um "último exemplar guardado", e vendiam a revista com ágio. Em Belo Horizonte a revista chegou a ser vendida pelo dobro do preço de capa.

A incerteza de Mario de Andrade na aposta em Hortência se revelava na capa da edição: habitualmente reservada para a edição de março, o especial as "Estrelas do Ano" foi trazida para fevereiro. Assim, a capa tem acima do logotipo a isca "Exclusivo: um conto erótico de Regina Duarte". A chamada principal era "Cesta Nossa: Hortência nua, uma doce surpresa". E, do lado esquerdo: "As mulheres do Ano: Luma de Oliveira, Maitê Proença, Lídia Brondi, Helô Pinheiro... e, no pôster, Sônia Lima".

As "Estrelas do Ano" foi outra das grandes sacadas de Mario. Praticamente todas as modelos, famosas ou não, ao assinar o contrato conosco autorizavam a republicação de ao menos uma foto no ensaio coletivo do ano seguinte, publicado em março, após a grande estrela de fevereiro. Por esse motivo, Luma de Oliveira (uma recordista de capas, como Claudia Raia e Luiza Brunet), Maitê Proença ou Lídia Brondi apareciam nessa edição com Hortência na capa. Era um reforço para garantir as vendas de fevereiro. Reforço, soube-se depois, desnecessário.

Hortência foi a capa da edição brasileira com a maior repercussão internacional. Na semana após o lançamento, quase todos os correspondentes de agências internacionais telefonaram para a redação. Dei entrevistas para a então poderosa United Press International (UPI), sua rival Associated Press (AP), para a Agence France-Presse (AFP), entre outras. A secretária das Edições Internacionais da *Playboy* em Chicago, Mrs. Mary Nastos, enviou depois um *clipping* com recortes de uma centena de jornais norte-americanos noticiando a ousadia da atleta brasileira. Nenhuma outra capa da edição brasileira da *Playboy* repercutiu tanto.

Houve Photoshop nas imagens publicadas no ensaio com Hortência? Não. Não houve. Primeiro, em 1988 não havia isso. Diversas mulheres foram retocadas ao longo da história da publicação. Nos primeiros números, o retoque era para eliminar alguns pelos pubianos, exigência da censura. Um velhinho japonês, Sumitomo, era encarregado de pincelar os negativos numa operação que demandava horas de pincel. Depois passou a ser utilizada a máquina Scitex, um enorme aparelho computadorizado que demorava cerca de oito horas para efetuar retoques nos originais, num processo de alto custo. O Scitex não existe mais, e a empresa israelense que o fabricava na década de 1980 foi comprada pela Hewlett-Packard (HP) e a marca é hoje usada para impressoras de alta precisão. Hortência não necessitou dos préstimos nem do japonês do retoque nem da Scitex. Primeiro: por ter corpo de atleta, sem celulite ou gordura fora de lugar (o quanto a Scitex trabalhou para nivelar o quadril de Maitê Proença!). Segundo: o maquiador fez delicada maquiagem no rosto da atleta, e o mago J.R. Duran escolheu uma iluminação de cinema, sem a luz crua que realçasse alguma imperfeição.

As 15 mulheres que você preferiu esquecer que posaram nuas

Um desses sites grotescos que pululam na internet publica, sob o título "As 15 mulheres que você não sabia (ou preferiu esquecer) que posaram nuas", uma relação de capas da revista consideradas ruins. Ao checar esse "ranking" de grande pobreza de espírito, constatei que as quatro primeiras da lista foram contratadas por mim: 1) Hortência; 2) Yoná Magalhães; 2) Elba Ramalho; e 4) Mara Maravilha. A lista se completa com 5) Xuxa com Papai Noel; 6) Simony; 7) Betty Faria (ela posou duas vezes para a revista; na segunda, contratada por mim); 8) Cissa Guimarães; 9) Fernanda Young; 10) Marina Lima; 11) Claudia Raia (posou três vezes; na primeira, menor de idade, a contratação foi feita por mim, quem assinou por ela foi a mãe); 12) Helô e Ticiane Pinheiro;

13) Christiane Torloni (também posou duas vezes); 14) Leona Cavalli; e 15) Carla Perez.

Fiz o teste de votar on-line em uma das 15 (escolhi Xuxa) e conferi o resultado. Agora sim, no ranking das piores, as três ganhadoras são 1) Hortência; 2) Elba Ramalho; e 3) Fernanda Young.

Já falei acima sobre Hortência, por quem continuo sentindo grande respeito. Comentarei apenas a história da contratação e lançamento da revista com Yoná Magalhães. Embora a contratação de Mara Maravilha pudesse render boas histórias (com a mãe dando as cartas), a aprovação das fotos do ensaio de Christiane Torloni, que virou um encarte em formato de livro (a atriz veio para a reunião com o livro *Igreja, carisma e poder*, de Leonardo Boff, fumando um charuto), ou o ensaio de Neusinha Brizola: material aprovado, ela recebeu o cachê, pediu-me para trocar um cheque para pagar táxis e que tais (o cheque não tinha fundos), depois o pai, o político Leonel Brizola, ligou para o Roberto Civita pedindo que as fotos não fossem publicadas. Cavalheiro, Roberto orientou que o material fosse descartado. Certamente a lista do mencionado site grotesco teria se refestelado.

A simplicidade do ensaio com Yoná Magalhães

Yoná começou a carreira em 1954 na TV Tupi, mas se firmou como atriz de cinema (fez a Rosa de *Deus e o diabo na terra do sol*, de Glauber Rocha) e no teatro (fez *Vestido de noiva*, de Nelson Rodrigues, na versão de 1964, no Teatro Municipal do Rio de Janeiro), criando sua própria companhia teatral. Em 1966, contratada pela TV Globo, estrelou diversas novelas, como *O sheik de Agadir* (1966), da mitológica Glória Magadan. Fez par romântico com o ator Carlos Alberto Soares, com quem estrelou, de volta à Tupi, *Simplesmente Maria* (1971), entre tantas outras. Novamente na Globo, fez uma dezena de novelas, mas se destacou como a Mathilde, dona da boate Sexus, de Asa Branca, na novela de maior sucesso na história da Globo, *Roque Santeiro* (no ar de 24 de junho de 1985 a 22 de fevereiro de 1986).

Eu morava então no Rio de Janeiro para ter proximidade com o mundo da TV Globo, de onde vinham as estrelas famosas da *Playboy*. No relatório semanal que enviava para Mario, dei o alerta de que o trio Yoná, Isis de Oliveira (Rosaly) e Claudia Raia (Ninon) também daria bom pano para mangas. Isso foi ainda em julho de 1985. Cheguei a marcar uma conversa com Yoná e teria sido possível fechar um contrato em boas condições financeiras, pois ela estava interessada. Mas não veio o sinal verde de São Paulo.

Havia outra missão a cumprir no México, uma grande reportagem de turismo preparativa para a Copa do Mundo de 1986. De lá emendei férias com um estágio em Chicago, para conhecer a redação da *Playboy* norte-americana. Quando voltei, já na metade de novembro, o assunto Yoná estava em ebulição. Dulce Pickersgill e J.R. Duran haviam ido ao Rio para convencer a atriz, que mudara de ideia e não aceitou fechar contrato. Essa foi minha prioridade a partir de então. Num acordo bastante diferente do inicialmente proposto, ela aceitou e foi fotografada em São Paulo por Duran. A reportagem sobre o México foi publicada em janeiro de 1986. No mês seguinte, Yoná era a estrela da capa. Considero um dos excelentes trabalhos da dupla Dulce e Duran.

Mario Escobar de Andrade: usina de ideias

O uso do nome do meio (Mario Joaquim Escobar de Andrade) foi sempre um cuidado, pois muitos leitores chegaram a confundi-lo com o modernista do *Macunaíma* e de *Pauliceia desvairada*. Quando a redação da revista foi transferida do Edifício Abril da Otaviano Alves de Lima para a rua do Curtume, na Lapa de Baixo, em São Paulo, recebi pelo malote interno da empresa uma carta da secretária da sucursal de Belo Horizonte. Ela pedia um autógrafo de Mario de Andrade em seu livro *Amar, verbo intransitivo*. Ela também caíra na armadilha. Esse tempo na rua do Curtume (1977-1983) foi um período em que trabalharam na revista Ruy Barboza (advogado, jornalista e psicólogo, Ruy Fernando Barboza [1943-2013] era paranaense de Paranaguá, criado em Londrina); Fernando Pessoa (o jornalista e escritor pernambucano Antonio Fernando Pessoa Ferreira [1932-2010] fez carreira em Curitiba, onde dirigiu o Teatro Guaíra, vindo na década de 1960 para São Paulo; registrou passagens pelas publicações *Playboy*, *Senhor*, *Status* e *O Pasquim* e escreveu cinco livros de contos), além de muitos egressos da *Veja*, como Alexandre Machado, Geraldo Mayrink (1942-2009), Wilson Palhares e Ricardo Setti.

O ranking das melhores faculdades

Mas a intenção aqui era falar da usina de ideias que era o Mario Joaquim. Mesmo viajando a trabalho ou em férias, suas antenas continuavam ligadíssimas. Numa dessas viagens, ele leu numa revista norte-americana a publicação de um ranking das melhores faculdades de arquitetura dos Estados Unidos. Daí surgiu o "Ranking *Playboy* das Melhores Faculdades do Brasil". De início a empreitada foi dada a Wilson Palhares, os meses foram se passando, eu era o secretário de redação, Mario achava que o ranking não deslanchava. Ao chegar quase ao final do ano ele me confiou a tarefa de concluir o trabalho para publicar o resultado em março de 1982. Era uma missão impossível. Deixei as tarefas da coordenação com a jornalista Suzana Junqueira, fui para o Rio e para Brasília, numa operação de guerra.

Ainda era muito difícil, no início da década de 1980, ser aceito por um reitor ou chefe de departamento de uma universidade caso me anunciasse como repórter da *Playboy*. Então, quando telefonava para agendar uma entrevista, eu me apresentava como repórter da Editora Abril. O interlocutor deduzia que isso seria "repórter da *Veja*", e, quando o mal-entendido se resolvia, eu já estava na sala do reitor ou do chefe de departamento. Foi assim com o coordenador do Instituto Alberto Luiz Coimbra de Pós-Graduação e Pesquisa de Engenharia da Universidade Federal do Rio de Janeiro (Coppe-UFRJ), que em 1981 não tinha esse nome. Foi assim que fui recebido pelo reitor da Universidade de Brasília, o capitão de mar e guerra, doutor em física pelo Massachusetts Institute of Technology (MIT), José Carlos de Almeida Azevedo (foi reitor de 1976 a 1985). Feitas as explicações de que eu não havia dito *Veja*, mas Editora Abril, o controvertido militar-reitor se desdobrou em cortesias. Registrei dele o comentário de que a Abril havia feito mais pela cultura do país do que muitas universidades.

Mas quem salvou a empreitada do ranking foi o presidente da Coordenação de Aperfeiçoamento de Pessoal de Nível Superior (Capes), Cláudio de Moura Castro (no cargo de 1979 a 1982). Cláudio foi quem mais se interessou pela ousadia de a *Playboy* querer realizar uma avaliação das escolas de ensino superior. Após a longa conversa, ele pegou um relatório (daqueles formulários contínuos) com a mais recente avaliação da própria Capes e me entregou, dizendo: "Eu não vi você roubando esse relatório da minha mesa". Eu tinha nas mãos um tesouro, com todos os cursos de pós-graduação do país pontuados com A+, A, A-, B+, B, B-. A reportagem se manteve em pé!

O ranking foi publicado por muitos anos. Os jornalistas Lenita Assef e Ricardo Castilho foram os responsáveis pelo ranking a partir de 1987, quando assumi a direção da revista. Uma das árvores do Prêmio Abril de Jornalismo que ganhei nos quase 28 anos de casa foi graças à publicação do ranking. Ele acabou derivando no *Guia do Estudante*.

Os rankings de uísque, vodca, champanhe e cachaça

Outra aposta de Mario. Dessa vez a ideia não veio de uma viagem, como o "ranking das faculdades". Mario havia visto uma lista de melhores vinhos numa dessas revistas tipo *Wine Spectator*. O *Guia Quatro Rodas*, dirigido na época por Celso Nucci, publicara em 1981 e em 1983 a Olimpíada do Vinho. Nucci passou a metodologia da degustação às cegas, que foi adaptada para os rankings. Eram convidados conhecedores de vinho como Ciro de Campos Lilla, Jorge Carrara, José Ruy Sampaio, com alguns participantes em casos especiais, como Fabrizio Fasano e Thomaz Souto Corrêa na degustação às cegas de uísque. No ranking da cachaça, realizado durante minha permanência no Rio, foi convidado o príncipe dom João Maria de Orléans e Bragança (1916-2005), produtor de cachaça em Paraty. Danio Braga, na época dono do restaurante mais estrelado no *Guia Quatro Rodas*, o Enotria, no Rio de Janeiro, assessorava esse trabalho classificatório que deixou marcas na história da *Playboy* em sua primeira etapa.

"O livro do mês"

Essa foi mais uma ideia trazida por Mario Escobar de suas viagens. No avião, ao ler a revista de bordo, Mario tomou conhecimento do chamado "paciente zero" da Aids. O assunto ainda era novo – revistas semanais como *Afinal*, *IstoÉ* e *Veja* usaram muito a chamada de capa sobre a doença para aumentar vendas –, e naquele ano, 1987, havia aparecido o livro do jornalista Randy Shilts com a história do "paciente zero": um comissário de bordo franco-canadense, Gaëtan Dubas, da Air Canada, viajando constantemente e frequentando saunas, teria sido o propagador do HIV. A história foi desmentida décadas depois, em 2007: o biólogo Michael Worobey, da Universidade do Arizona, provou que o vírus circulava nos Estados Unidos pelo menos 12 anos antes de a Aids ser reconhecida, em 1981. Mas o relato sobre o piloto inaugurou "O livro do mês", seção publicada durante bom tempo na revista. O jornalista carioca Luciano Trigo, em sua passagem pela revista, editou diversos "livros do mês", bem como o crítico Geraldo Galvão Ferraz (1941-2013), que também trabalhou na *Playboy*.

Homem cresceu tanto que virou *Playboy*

Em junho de 1977 *[A revista do] Homem* começava a transição para vir a adotar oficialmente seu novo nome: *Playboy*. A capa daquele mês, número 23 da revista, trazia uma modelo da edição norte-americana da *Playboy*, Patti McGuire, com uma camiseta azul estampando a expressão "Playmate of the Year". No alto, acima do logotipo da revista, a frase "Com o melhor da Playboy". Embaixo, a legenda da capa: "Patti McGuire, a Playmate do Ano da Playboy". Começava um trabalho de familiarizar o leitor da publicação *[A revista do] Homem* com a nomenclatura e as liturgias da revista-mãe norte-americana. Essa troca não obedecia a um plano estratégico da Abril. Na verdade, a editora estava sendo obrigada a isso, por uma briga que começara três anos antes do lançamento da revista, em 1975. Em 1972, três executivos da empresa saíram para criar a Editora Três. Eram Luis Carta, Domingo Alzugaray e Fabrizio Fasano. Levaram com eles muitos segredos estratégicos da Abril, como o lançamento de uma revista feminina inspirada na *Cosmopolitan*, um novo fascículo de culinária e a revista masculina. Correram para lançar antes esses projetos, como a revista feminina *Mais* (não se encontra traço dela na internet, nem no site da Editora Três) e a *Status*, a revista masculina, em agosto de 1974, exatamente um ano antes da publicação da Abril. Por precaução, haviam registrado em cartório o nome "Revista

Homem". Com o lançamento da revista da Abril com esse nome, a Três entrou com processo. A Abril chegou a comprar o título de uma revista quase desconhecida, *A revista do homem que compra*, para reforçar a propriedade da marca, mas perdeu a causa em junho de 1978.

A edição 36 da publicação *[A revista do] Homem*, de julho de 1978, estava em processamento na gráfica. Com a referência a *Homem* em todos os rodapés e menções a números anteriores da publicação. Era urgente tirar daquela edição qualquer alusão à palavra "homem". A operação de mudança de nome foi como um relâmpago. Roberto Civita, que em seu tempo de estudante estagiara no Grupo Time em Nova York, sendo orientado por um alto executivo chamado Lee Hall, teve a sorte de que Hall havia se transferido para a Playboy Publications Inc., em Chicago, onde era o vice-presidente para as edições internacionais. Negociou diretamente com ele, por telefone, o acerto para o uso da marca. A negociação legal foi fechada depois. Numa tarde e madrugada adentro revisei as páginas em rotofilmes, uma a uma, com um funcionário fazendo as alterações dos rodapés para "Playboy" e as referências às edições anteriores, trocando a palavra "homem" por "a revista".

Quando chegou às bancas com o novo título, a revista estava em um envelope transparente e uma cartela de fundo, com alguns centímetros a mais. Ali se lia, em letras de destaque: "*Homem* cresceu tanto que virou *Playboy*!".

E a Editora Três lançou sua versão da *Homem*: não chegou a completar um ano. Provocou, de quebra, um aumento de vendas na masculina da Abril. Sem nenhuma campanha adicional, o novo logo fez as vendas aumentarem em média 30%, num patamar de subida que chegou ao auge nos tempos de Ricardo Setti como diretor da publicação.

Páginas viradas

Saí da *Playboy* em 1989. Estava difícil a convivência do escudeiro (era assim que Mario muitas vezes se referia a mim) com o cavaleiro Mario Escobar de Andrade. A relação com o mestre com quem tanto aprendi azedava. Mario propôs uma troca: eu iria dirigir a revista *Elle*, sob a direção editorial de Leonel Kaz (com quem também muito aprendi), e a diretora da *Elle*, a jornalista Maria da Penha, viria para a *Playboy*, sob a direção editorial de Juca Kfouri.

Fui para a *Elle*, um novo aprendizado de pensar numa leitora e num novo público, criando pautas, convivendo com Moacir Japiassu, Laura Greenhalgh, Célia Svevo, o pequeno Chico César como revisor, o Décio Navarro, como diretor de arte, Leda Gorgone, Elise Laura Rotenberg, além de Christiane Fleury e Joana Angélica d'Avila Melo, duas excelentes jornalistas que conhecera na sucursal do Rio de Janeiro no tempo em que era o editor da *Playboy* nas terras cariocas, tendo na equipe Olimpia Ciabattari e Jackson Bezerra, o responsável por tantas capas gloriosas da revista – Cláudia Egito, "a fogueteira"; Luciana Vendramini, "a paquita da Xuxa", entre dezenas de outras.

Depois de um período curto em *Elle*, com aquele time tão especial (muito diferente da equipe que comandei ao voltar da Argentina em 1996), fui convocado por Mario para dirigir a *Quatro Rodas*. E, depois de quatro anos (considero este o melhor trabalho realizado por mim na Abril), recebi a missão de colocar ordem na casa, agora na Editorial Primavera, empresa da Abril na Argentina, com os restos do que fora antes a grande Editorial Abril. Foi de fato na Argentina que tudo começou. César Civita, o irmão mais velho de Victor, o criador da Abril argentina, foi quem iniciou a Abril no Brasil, ainda em 1947, como registrei na dissertação de mestrado defendida na Escola de Comunicações e Artes da Universidade de São Paulo (ECA-USP) em 2003. Mas essa é outra história.

Na Argentina, um dos desafios que me foi colocado por Thomaz Souto Corrêa foi relançar a revista *Playboy* (em 1985, o Grupo Editorial Perfil, que tem entre tantos títulos de sucesso a revista *Caras*, havia se encarregado da edição argentina da publicação de Hugh M. Hefner, um projeto que nunca emplacou). Também a minha tentativa ali não deu resultado significativo. Estudar os fatores que levaram ao êxito da edição brasileira e ao fiasco da versão argentina foi o objeto do meu estudo de mestrado. Com o nome quilométrico de "A construção do discurso como um fator de sucesso ou fracasso de um projeto editorial: a revista 'Playboy' no Brasil e na Argentina", a dissertação foi aprovada com louvor.

Naquela época, a *Playboy* brasileira vivia a segunda fase, um momento de auge sob a direção de Ricardo Setti. Considero a dissertação, dedicada a Mario Escobar de Andrade, um bom trabalho, mas não tive interesse em publicá-la. De algum modo ela foi uma espécie de exorcismo. Nunca voltei a me preocupar com a *Playboy* nem sofri o sentimento de viuvez que frequentemente se observa em ex-editores ou ex-diretores. A *Playboy* deixara de ser problema meu. Eventualmente comprava um ou outro exemplar por um tema que me interessasse, como compro outras revistas, além daquelas que continuo assinando. O mesmo aconteceu com a *Quatro Rodas*, cuja direção deixei quando recebi o convite para ser o diretor-geral da Editorial Primavera, em Buenos Aires. Páginas viradas.

***

E a Zeugma? Pois é, termino agradecendo a oportunidade que tive nos 15 anos que trabalhei na *Playboy*. Entrei revisor, saí diretor, aprendi quase tudo o que sei como "revisteiro". Conheci muitos profissionais que foram grandes mestres. Como não há espaço para nomear todos, o meu humilde agradecimento vai para a Zeugma Sgroi, a Zói, que um dia citou o meu nome para o Mario Escobar de Andrade.

CARLOS COSTA

é doutor em ciências da comunicação pela USP e diretor da Faculdade Cásper Líbero. Dirigiu as revistas *Playboy*, *Elle* e *Quatro Rodas*, da Editora Abril. De 1994 a 1997 foi diretor geral da Editorial Primavera, em Buenos Aires, Argentina, na época uma empresa do Grupo Abril. Editou a revista *Ensino Superior* e criou as revistas *Negócios da Comunicação*, *Getúlio* e *Diálogos&Debates*. Autor do livro *A revista no Brasil do século XIX: a história da formação das publicações, do leitor e da identidade do brasileiro* (Alameda).

DESAPARECIDO EM TÓQUIO

Carlos Grassetti

Quando vigorava a censura, as fotos seguiam uma linguagem visual imposta por ela, com regras determinadas. As táticas de sedução mais frequentes eram o uso de camisetas molhadas, de véus, a composição com o movimento do corpo e a luz no momento de fotografar, ou retoques feitos na gráfica, disfarçando os detalhes que aterrorizavam os censores.

No início da década de 1980, a *Playboy* começou a investir em grandes e sofisticadas produções, em viagens e locações, em roteiros elaborados com grandes equipes, inclusive com o surgimento do cargo de editora de fotografia ocupado por Dulce Pickersgill, e na procura de novos talentos, em busca da construção de um olhar diferenciado, até mesmo do que se fazia nas edições da *Playboy* de outros países.

Nessa mesma época, o trabalho inovador e arrojado do fotógrafo J.R. Duran chamava a atenção pelo que vinha realizando nas revistas de moda. Convidado para participar desse desafio, se tornou um grande parceiro, ficando famoso com os ensaios e as fotos icônicas que realizou para a *Playboy*. Ele criou uma identidade marcante nas páginas da revista.

Com estilo diferente na arte de retratar a sensualidade e a nudez das celebridades, que viram como era importante ter sua imagem associada à revista, Bob Wolfenson também gravou a memória do leitor com ensaios e fotos antológicas, deixando também a sua marca.

Outros talentos da fotografia assinaram inesquecíveis registros nas páginas da revista, como Antonio Guerreiro, Otto Stupakoff, Luiz Tripolli, Luis Crispino, Paulo Rocha, Klaus Mitteldorf, Otto Weisser, Paulo Veiner, Thomas Susemihl, Pedro Martinelli, Marcia Ramalho, Mauricio Nahas, Marcus Luconi, entre tantos outros.

David Drew Zingg viajou por diversos países do mundo pela *Playboy*, através de seu olhar apurado ele fotografou e revelou para o leitor, além dos roteiros gastronômicos, informações exclusivas das cidades mais charmosas do mundo.

No período em que Mario de Andrade esteve na direção, a *Playboy* fortaleceu seus alicerces. Excelente diretor, se guiava pela frase "Deus está nos detalhes". Com ele, por meio da formação de talentosas equipes de redação, o padrão de qualidade da publicação alcançou nível internacional.

Quando a corneta soava fortemente em sua sala, era sinal de que tínhamos uma boa notícia sobre a revista. Foi o que aconteceu quando a edição com Maitê Proença na capa alcançou o recorde de vendas para uma revista mensal até então. Já com o conceituado jornalista Ricardo Setti na direção, no comando de um time de notáveis profissionais, quase todo formado durante a direção do também conceituado Juca Kfouri, a *Playboy* quebrou sucessivos recordes, atingindo o número de 1 milhão de exemplares vendidos em uma única edição.

A confraria da *Playboy* era um grupo constituído por personalidades de destaque em diferentes áreas, que participava das matérias ou se encontrava regularmente para turbinar os editores da revista com muitas ideias. Como exemplos das várias personalidades que dela participavam temos Thomaz Souto Corrêa, grande mestre na arte de fazer revistas no Brasil, que sempre orientou a *Playboy*, foi vice-presidente e diretor editorial e hoje é vice-presidente do conselho da Editora Abril; o publicitário Washington Olivetto; o empresário da noite José Victor Oliva; o artista plástico Wesley Duke Lee; o editor Luiz Schwarcz, entre tantos outros.

Um dos que assistia, ainda bem jovem, se revelou um grande talento anos mais tarde: o apresentador Luciano Huck. Eu o via, às vezes, quando eu ia na casa do Mario, de quem era enteado, ou quando as reuniões ocorriam no mesmo local.

Desse grupo também fez parte Homero Sanches, sociólogo e pesquisador, que ficou conhecido como "El Brujo". Homero era profundo conhecedor do comportamento do público e, com suas análises, ajudava a TV Globo, de quem foi funcionário, a alterar a grade de programação. Tivemos com ele dez encontros de dia todo no clássico e reservado Nacional Club, no bairro do Pacaembu. Baseado em conceitos sociológicos, ele nos indicava quem e como seriam os nossos leitores, detalhando um a um.

Fernando de Barros, um dos homens mais elegantes que este país já viu, teve papel importante no mundo da moda masculina no Brasil. Produtor e diretor de filmes, ele foi responsável pelas matérias de estilo e moda na *Playboy* e influenciou todas as áreas da revista com sua elegância e sabedoria, durante os anos em que esteve na equipe.

A *Playboy* tinha como missão falar das coisas mais gostosas da vida. No entanto, na redação, a vida nem sempre era assim. As artistas eram muito exigentes na hora da aprovação das fotos, preocupadas com a sua imagem, e com frequência, em dias de fechamento das matérias com a pressão causada pela árdua luta pela qualidade da revista, a tensão no ar era muito grande e tomava conta de todos os envolvidos. Em um desses dias, Fernando de Barros entrou na minha sala assustado, o que não combinava com ele, exclamando:

– Parece que vocês estão fabricando a bomba atômica!

As paredes da redação eram embelezadas com quadros, como uma galeria de arte, de obras que tinham sido publicadas na *Playboy*, o que dava uma ideia da diversidade dos temas que eram abordados pela revista.

Como diretor de arte da *Playboy*, encomendava trabalhos a famosos artistas plásticos, renomados ilustradores e cartunistas. Se reunidas, essas obras publicadas são uma importante amostra das várias tendências dos movimentos artísticos. Sendo eu também ilustrador nas páginas da revista, convidava pintores e escultores para a experiência de ter uma obra sua associada a um grande autor, de colocar a sua maneira de ver o mundo em contato com o enorme público de uma publicação que tinha prestígio pela qualidade editorial das entrevistas, das reportagens e das fotografias.

Eu tinha contato frequente com eles em seus estúdios e, quando necessário, viajava ao encontro deles em outros estados ou até mesmo a Nova York. Vivia cercado por pilhas de catálogos das exposições que frequentava.

Com isso, renomados artistas plásticos e ilustradores brasileiros marcaram presença nas páginas da *Playboy*, e entre tantos posso citar Wesley Duke Lee, Aldemir Martins, Rubens Gerchman, Ivaldo Granato, Newton Mesquita, Claudio Tozzi, Juarez Machado, Darel Valença, Zaragoza, Petit, Ziraldo, Antonio Henrique Amaral, Baravelli, Gustavo Rosa, Guto Lacaz, Denise Milan, Siron Franco, Benicio, Miran, Marcelo Cipis, Pinky Wainer, Negreiros, Tide Hellmeister, Lan, Elifas Andreato, Rico Lins...

A importância desse trabalho foi reconhecida em

uma exposição, *A arte de Playboy*, no Museu de Arte de São Paulo Assis Chateaubriand (Masp), reunindo obras de artistas famosos que foram publicadas na *Playboy* norte-americana – George Segal, Andy Warhol, James Rosenquist, LeRoy Neiman, Jean Michel Folon, Paul Davis, Ed Paschke – ao lado de uma relevante seleção de trabalhos de nossos artistas publicados na *Playboy* brasileira.

Outro reconhecimento veio através do Clube de Criação São Paulo, onde a *Playboy* conquistou por vários anos muitos prêmios, confirmando a reputação que a revista tinha alcançado no meio de comunicação pela sua qualidade gráfica e criatividade na área editorial.

Entre os eventos que acrescentaram prestígio à publicação, "O melhor da MPB" premiava os melhores da música popular brasileira em diversas categorias, votados por críticos e leitores, os eleitos eram homenageados em um show musical, e a personalidade do ano era laureada com o seu busto esculpido em bronze pelo escultor Salazar.

Combinar a forma pessoal de se expressar do artista com a do autor da matéria é uma experiência que envolve o leitor e o torna mais exigente com a qualidade do conteúdo. Grandes artistas podem se deparar com questões editoriais em uma publicação de massa. Aldemir Martins, quando ilustrou o trecho do novo do livro de José Sarney, então presidente do Brasil, registrou na sua arte palavras em posição de muito destaque que, embora fizessem parte do texto, tiravam o mistério da narrativa. Conversei com Aldemir ao telefone, ele concordou e rapidamente me apresentou a solução: colocar papel de cores diferentes em cima das letras. Ele me deu a liberdade de decidir quais seriam as cores, em uma prova do grau de entrosamento e respeito que tínhamos alcançado entre a revista e os artistas.

O cartum, colocado entre as grandes reportagens, era o responsável por dar humor, leveza e ritmo à revista. Dois mestres mostraram diferentes tipos de conquistador brasileiro: Ziraldo, com o personagem Mineirinho, e Luis Fernando Verissimo, na criação em dupla com Edgard Vasques do "O analista de Bagé". Eles estiveram na revista por muitos anos, na companhia de Fortuna, Miguel Paiva, Chico Caruso..., e nos divertiram muito todo esse período.

Na década de 1980 trabalhávamos de acordo com as circunstâncias que a época nos impunha, quando não havia as facilidades oferecidas pelo mundo informatizado de hoje. A *Playboy* promovia anualmente uma conferência internacional de seus editores. Em certa ocasião, tive que atrasar a minha ida ao encontro anual, em Santa Barbara, na Califórnia, para poder levar material "quente", como se dizia, da edição que nós estávamos finalizando. Tratava-se de um pacote que continha um ensaio fotográfico em branco e preto da Malu Mader, toda vestida, em poses sensuais, clicadas por Duran em uma nova experiência da revista, e matérias de texto para aprovação do Mario de Andrade. Como era costume quando se tratava de matéria visual – baseada em fotografias e pouquíssimo texto –, espalhávamos a paginação pelo amplo chão da redação para analisar a edição fotográfica. Porém, dessa vez, o material tivera de ser analisado no chão de um apertado quarto de hotel, na hora do almoço, por falta de tempo devido às reuniões que se estendiam da manhã até a noite. Depois de visto o material, as alterações foram transmitidas para a redação via longa ligação internacional. Imagine que operação complicada! Hoje seria resolvida com rapidez, sem precisar levantar o corpo da cadeira.

Nos meus anos de *Playboy*, entre os desafios que enfrentamos e as histórias dos personagens que com ela colaboraram, tive uma inusitada passagem em Tóquio. Em 1987, voltando de Hong Kong, fiz uma parada na capital do Japão, e Mario de Andrade, que voltava comigo, continuou em voo para São Paulo.

No dia do meu retorno ao Brasil, pela manhã desci algumas escadas para tomar o metrô em Tóquio. Sozinho e sem entender uma palavra do idioma local, memorizava as formas gráficas da escrita japonesa para me orientar e chegar ao meu destino. Entrei no vagão e as portas não se fecharam em tempo regular. Aguardei. Em pé, olhando ao redor, eu me sentia dentro de uma obra de arte, como se fosse uma escultura realista – todos estavam imóveis, lendo, com olhares fixos, distantes. O vagão estava lotado. De vez em quando acontecia um estrondo, seguido de forte solavanco. Meus pensamentos eram os de quem, na infância, tinha andado muito de trem – eu achava que os solavancos faziam parte da troca do vagão dianteiro para continuar a viagem. Achei aquilo natural. Após longo período as portas se fecharam e o metrô recomeçou a andar – a agitação da vida retornou ao interior do vagão.

Em 1987, a comunicação em uma viagem internacional era precária e o tempo de percurso para retornar do Japão, longo – 24 horas.

Chegando a São Paulo, fui para casa e toquei a campainha. Quem atendeu foi a minha mulher, a ilustradora Neyd Citrangolo, também colaboradora da *Playboy*. Ao me ver, com espanto ela exclamou:

– Você chegou?!

E correu ao telefone para avisar que eu tinha aparecido.

Entre os solavancos nos vagões do metrô, em uma manhã em que houve um terremoto de grandes proporções na região de Tóquio, e divulgado no Brasil, e a minha chegada em casa, foram momentos de muita apreensão, pois ninguém por aqui sabia do meu paradeiro.

No momento em que foi noticiado o que estava acontecendo em Tóquio, a Neyd ligou para a redação, preocupada. A essa altura o avião em que eu estava já tinha levantado voo, e a informação que a Abril recebeu da companhia aérea era a de que o meu nome não constava da lista dos passageiros que haviam embarcado. E como tinha saído cedo, também não poderia ser encontrado no hotel.

Dessa maneira, fui considerado desaparecido durante todo esse tempo do percurso de volta do Japão a São Paulo. Essa história ficou famosa na Editora Abril como "o desaparecimento do Grassetti".

CARLOS GRASSETTI

é designer e ilustrador, tendo trabalhado na Editora Abril por cinquenta anos em títulos como *Manequim*, *Claudia*, *Quatro Rodas*, *Pop*, *Lar*, *Elle* e *Playboy*. Foi diretor de arte corporativo da Abril, do centro de criação e do grupo de revistas masculinas, e consultor editorial do grupo Media24, da África do Sul. Premiado pelo Clube de Criação de São Paulo e Hors Concours do Prêmio Abril de Jornalismo, é um dos autores dos livros *A revista no Brasil* e *Fotografia em revista*.

NA REDAÇÃO COM FERNANDO PESSOA E NO AEROPORTO COM A MULHER DO PADILHA

Ruy Castro

A estrela do cinema e da televisão recusava todos os convites para se deixar fotografar nua por *Playboy*. E não havia dinheiro que a demovesse. Nenhum puritanismo ou modéstia – tinha confiança no seu pique, sabia que as fotos ficariam deslumbrantes. O problema eram aqueles textos que as revistas masculinas publicavam sob as fotos – burros, apelativos, de baixo nível, dizia ela. Não fariam justiça à sua inteligência. E, muito menos, agora que estava casada com um famoso comediante da televisão, um dos homens mais brilhantes do país.

Ao ouvir isso, Cecilia Ribeiro, nossa produtora de fotografia – safa, rápida, sabia sair de qualquer situação – assegurou-lhe: "E se você aprovar pessoalmente os textos? Não sairá nada que você não queira".

A estrela pensou – e concordou: "Nesse caso, eu topo".

As fotos foram feitas no Rio e, dois meses depois, a beldade foi levada a São Paulo para aprovar texto e layout. E, no carro de Cecilia, a caminho da redação na rua do Curtume, continuou insistindo em que, se não estivessem do seu agrado, não haveria matéria, nem fotos, nem nada. A produtora tentava tranquilizá-la:

– Não se preocupe, Fulana. Temos redatores ótimos. O autor dos textos sobre você, por exemplo, foi o Fernando Pessoa.

– Fernando Pessoa???!!! – saltou a moça. – Mas é o meu poeta favorito! Sou louca por ele, principalmente por aquele poema da tabacaria!

A ideia de que Fernando Pessoa, o fabuloso poeta português, que viveu de 1888 a 1935, fosse redator da *Playboy* na São Paulo de 1980 não parecia muito lógica. O redator a quem Cecilia se referia era Antonio Fernando Pessoa Ferreira, por sinal também poeta – e dos bons, embora não tanto quanto o seu xará mais famoso. E com certas características que o distinguiam definitivamente do grande Pessoa português: muito alto, barba branca, cara de viking e um forte sotaque pernambucano. Cecilia fez imediatamente a leitura da situação: nosso Fernando Pessoa – como todos o chamavam – teria de se passar pelo poeta que a estrela admirava. E prometeu:

– Que bom, Fulana! Chegando à redação, vou te apresentar ao Fernando Pessoa. Ele vai adorar te conhecer!

Cecilia sabia que a apresentação seria fundamental, e contava com a perspicácia de Fernando. Mas não tinha nada a temer. Assim que puseram o pé na redação, Cecilia viu o colega em sua mesa e já foi logo anunciando:

– Fernando Pessoa, olha quem veio a São Paulo para te conhecer. A Fulana! Você é o poeta favorito dela! E o poema seu de que ela mais gosta é o da tabacaria!

Fernando nem piscou. Entendeu tudo. Levantou-se e foi de braços abertos ao encontro das duas, já declamando com sua voz rica e grave de baixo de ópera e sem sequer fingir um acento lisboeta: "*Não sou nada!/ Nunca serei nada!/ Não posso querer ser nada!/ À parte isso tenho em mim todos os sonhos do mundo!*".

A estrela ouviu aquilo extasiada. Eram os primeiros versos do "Poema da Tabacaria". E, pelas horas seguintes, a uma mesa num canto da redação, ela e nosso Fernando trocaram poemas de Fernando Pessoa, recitando-os um para o outro.

Ah, sim, os textos sobre seu corpo nu e deslumbrante. Ela os leu muito por alto e, mesmo assim, só por insistência de Cecilia. Afinal, estava ali para assinar a autorização – o que finalmente fez. Dali despediu-se de Fernando, emocionada, e Cecilia a levou de volta ao avião. A revista saiu pouco depois, com suas fotos na capa, no miolo e no pôster.

E nunca soubemos o que aconteceu quando, ao chegar em casa, no Rio, contou para seu marido que havia conhecido em São Paulo o grande poeta português Fernando Pessoa.

***

Crise na redação. Mario Escobar de Andrade perdia o sono e os cabelos porque, naquele mês, ainda não tínhamos a mulher da capa e do pôster. Não havia nenhuma nova estrela no horizonte, nem mesmo uma estrelete, uma revelação, na área do cinema, da televisão ou da música popular. Todas as grandes mulheres do país já tinham posado para a revista, algumas, mais de uma vez. No desespero, chegamos a considerar até uma ou duas sobreviventes da Jovem Guarda – que, então, mais de 15 anos depois de seu apogeu, já tinham passado a pertencer à Velha Guarda. Os boys da redação foram escalados para assistir a todas as novelas, inclusive as diurnas, para ver se se descobria alguém – um deles sugeriu Rosana Garcia, a Narizinho de *Sítio do Pica-pau Amarelo*, que não devia ter mais de 12 anos e, naturalmente, não podia ser sequer cogitada.

Várias reuniões foram feitas, em vão. Era como se o Brasil, de repente, se tivesse tornado um deserto de mulheres. Até que, numa delas, alguém – por acaso, eu – arriscou uma ideia absurda: a mulher do Padilha.

Padilha era um personagem do programa *O planeta dos homens*, o humorístico de Jô Soares na TV Globo, criado por Max Nunes e Haroldo Barbosa. Era um homem feio, careca e tímido, casado com um monumento de mulher. O quadro consistia em Padilha passar por um grupo em que Jô estivesse, e Jô apresentá-lo aos amigos:

– Vocês conhecem o Padilha? Padilha, como está sua senhora, aquele monumento, aquela coisa estatuesca, aquele delíííírio de mulher??? Com todo o respeito, com todo o respeito!

E, virando-se para os outros:

– Vocês conhecem a mulher do Padilha? Não conhecem a mulher do Padilha? – revirava os olhos. – Eu nunca vi nada igual, nem no cinema, nem na televisão, nem em pintura, nem em escultura, nem em sonho! Que cinturinha! Que seios! E honestíssima, honestíssima! Com todo o respeito! Que pernas! Que coxas! Que... Padilha, o que você está fazendo aqui? Vai pra casa! Vai pra casa, Padilha!!!

A graça estava em que a fabulosa mulher do Padilha nunca aparecia, o que deixava a fantasia em aberto para milhões de telespectadores. Cada um podia imaginar a mulher do Padilha que mais o excitasse. E, então, dei a ideia: vamos mostrar a mulher do Padilha.

Mas como, se ela não existia? "É fácil", expliquei.

– Primeiro, as produtoras escolhem uma modelo, uma morenaça dessas que não se vê na rua. Ela será a mulher do Padilha. Para isso, não devemos mostrar o rosto, só o corpo, o qual, naturalmente, terá de fazer jus às descrições do Jô. E, abraçado a ela, ou presente na foto, o próprio Padilha, o ator que o interpreta!

Mario e os colegas aprovaram a ideia com entusiasmo. Bastava agora falar com o ator – o carioca Martim Francisco – e conseguir que a Globo o autorizasse a usar o personagem. O que foi feito sem problemas. Marcaram-

-se as fotos no estúdio da Abril, no outro lado da rua do Curtume, em frente ao prédio onde funcionavam quase todas as revistas da editora, inclusive a *Playboy*. Uma passagem foi mandada para Martim. No dia marcado, ele tomou o avião no Rio, e a produtora Cecilia Ribeiro – sempre ela – foi esperá-lo no aeroporto de Congonhas.

Cecilia convidou-me a acompanhá-la e lá fomos os dois para Congonhas. Martim pousou, desceu, pegou sua mala na esteira, juntou-se a nós e começamos a atravessar o aeroporto rumo à saída.

Esqueci-me de contar que Cecilia, alta, morena e bonita, correspondia, grama por grama e centímetro por centímetro, à descrição da mulher do Padilha por Jô Soares – o que sua camiseta "baby look" justa e seus jeans também apertadíssimos, enfiados para dentro das botas, realçavam magnificamente. Sozinha, já era de chamar a atenção. Ao lado do ator que fazia o Padilha, era a encarnação da mulher com que todos os telespectadores de *O planeta dos homens* sonhavam. E o resultado não demorou a acontecer: "Vai pra casa, Padilha", começaram a gritar as pessoas no aeroporto.

Foi o que ouvimos dezenas, centenas de vezes, em solo ou em coro, com ou sem gemidos e ruídos imorais, durante o longo percurso por aqueles salões e corredores, até a saída onde ela deixara seu carro estacionado.

Tantos anos depois, lembro-me bem do prazer com que eles receberam aquela ovação: Martim, por ver seu trabalho como ator reconhecido, e Cecilia, por ter sua beleza aclamada por uma multidão – e qual mulher não gosta disso? Mas havia alguém ali, secretamente, ainda mais satisfeito e realizado.

Eu. Afinal, eu era o namorado da mulher do Padilha.

RUY CASTRO
foi repórter especial de *Playboy* de junho de 1979 a fevereiro de 1982. Depois de dois anos fora, em que foi diretor de redação da grande concorrente *Status*, voltou como colaborador especial, função que exerceu pelos 12 anos seguintes e em que produziu centenas de textos, assinados ou não, inclusive várias das grandes entrevistas de *Playboy*.

UMA CONVERSA FRANCA

Carlos Maranhão

Durante uns bons dois anos, tive o privilégio de fazer na *Playboy* o trabalho mais prazeroso de minha vida jornalística. Não, eu não era encarregado de seduzir as mulheres tão desejadas pelos leitores, com o convite para que posassem usando apenas brincos e pulseira, e não estava ao lado do fotógrafo na hora em que elas tiravam a roupa. De certa forma, porém, meu serviço era tentar desnudá-las. Não só elas. Eles também. Fui um dos entrevistadores da revista.

As longas entrevistas em forma de pingue-pongue haviam se tornado uma marca indelével da *Playboy* norte-americana. Tinham a ambição de apresentar de forma definitiva as histórias e as ideias de gente famosa, atores ou músicos, políticos ou empresários. Para isso, os repórteres dispunham de tempo e recursos. Podiam gastar meses para pesquisar, apurar, gravar e escrever, viajando para onde fosse necessário. O prazo incluía o tempo gasto no convencimento do alvo escolhido. Logo que foi lançada, a edição brasileira da maior publicação masculina do mundo seguiu a mesma receita. Claro que as condições seriam diferentes, mas nem tanto. Entraria nos anais da nossa *Playboy* a condição que o jornalista Hamilton de

Almeida Filho, conhecido como Hamiltinho, impôs para entrevistar o ministro Delfim Netto: teria que ir ao seu lado para Tóquio. Na primeira classe. E não é que o diretor de redação Mario de Andrade concordou?

Existia uma espécie de manual para "uma conversa franca com...", como se iniciava sempre o subtítulo-padrão de duas linhas abaixo do nome do entrevistado. As instruções vinham da matriz de Chicago. Antes de tudo, era preciso elaborar um questionário com 150 perguntas. Sabe lá o que são 150 perguntas? Você prepara sem dificuldade umas vinte ou trinta para qualquer entrevistado. Qual era seu sonho de infância? Que livro mudou sua cabeça? O que estava fazendo no momento em que soube que o presidente Kennedy foi assassinado? (Bem, essa é para quem já era crescido no dia 22 de novembro de 1963.) Com algum esforço, chega-se às cinquenta perguntas. A partir daí, se quiser avançar, você deve assistir a todos os filmes da estrela de cinema, ler todos os livros do romancista e conversar com todos os amigos da modelo. Ou mais ou menos isso. Claro que, na entrevista, ninguém formularia tantas perguntas assim. O objetivo era, através delas, estudar, conhecer o personagem e estar preparado para enfrentá-lo. Enfim, fazer a lição de casa.

Em seu manual, o editor executivo Barry Golson, responsável pela edição final das entrevistas entre 1973 e 1988, dava mais algumas indicações que deveriam ser seguidas:

- Ao pedir a entrevista, telefone dez vezes, não duas. Não use a palavra "entrevista". Diga que você está interessado em expor os pontos de vista da pessoa. (A repórter Mônica Bergamo insistiu tanto com a família do piloto Ayrton Senna – ele próprio simplesmente a ignorava – que um dia, cansado da perseguição e de vê-la acelerando na porta do escritório, seu pai encostou o carro no boxe e permitiu a ultrapassagem. "Não aguento mais você nos enchendo o saco desse jeito", disse seu Mílton da Silva, que tinha certo controle sobre a vida do filho. E marcou a entrevista. O resultado foi sensacional. Em determinado momento, Senna descreveu a visão que garantia ter tido, no final de uma curva, de Jesus Cristo em pessoa.)
- Não desligue o gravador antes de ir embora. (A célebre frase em que Jimmy Carter, então candidato a presidente dos Estados Unidos, confessou ter cometido "adultério no coração" foi dita na porta de sua casa, enquanto se despedia do repórter.)
- Use a "técnica do silêncio". Depois de uma pergunta sobre um tema mais delicado, fique calado. O entrevistado tenderá a preencher o silêncio com sua voz. Podem sair daí ótimas respostas.

Essas recomendações, como eu descobriria na prática, faziam sentido. A tal técnica do silêncio, por exemplo. Lembro-me de tê-la usado com êxito pelo menos duas vezes. Em uma delas, diante da atriz Bruna Lombardi. Na época, ela tinha 33 anos e gravava para a Globo a minissérie *Grande sertão*, baseada no romance de Guimarães Rosa. Entre as perguntas inevitáveis de qualquer entrevista para a *Playboy*, havia esta: quando foi sua primeira vez? A indagação podia não ser respondida com pormenores, e em geral não era, mas havia a obrigação de formulá-la no momento certo. Na última sessão, ao final de um jantar no extinto restaurante paulistano Via Veneto, percebi que ela estava relaxada com seu cálice de vinho do Porto e aproveitei para introduzir o assunto:

– Quando você descobriu o sexo?

– Lá pelos quatro anos.

– Quatro anos?!

– É evidente que não deixei de ser virgem com essa idade. Eu falo de sensualidade.

Fez uma pausa demorada e passou a mão nos cabelos, que estavam bem curtos e escuros para se caracterizar como o personagem Diadorim que interpretava na televisão. Mordi a língua e esperei que ela entrasse no tema. Demorou um pouco. Eu ouvia os passos dos garçons e os ruídos das mesas vizinhas. Funcionou. Obrigado pelo conselho, mister Golson.

– Mas por que você insiste? Quer saber quando foi a primeira vez?

– Sim.

Seguiram-se intermináveis segundos. Bebeu um gole, levantou a cabeça e olhou para mim.

– Eu tinha 16 anos. E tudo o que eu poderia dizer a mais sobre isso é que foi legal e aconteceu na hora em que eu queria.

Mais tarde, ela comentaria: "Pensando bem, são coisas que o leitor da *Playboy* quer saber. Eu não poderia decepcioná-lo".

Anteriormente, o ardil – vamos chamá-lo desse modo – já me ajudara. Eu havia sido escalado pelo redator-chefe Ricardo A. Setti para entrevistar o almirante de esquadra Maximiano da Fonseca. Poucos no futuro se lembrariam dele, mas naquele início da Nova República seu nome continuava literalmente na ordem do dia. Fora ministro da Marinha no governo Figueiredo, o último do ciclo militar, e deixara o cargo depois de declarar que seus companheiros de farda não se opunham aos comícios em favor das eleições diretas para presidente da República, "se realizados com espírito ordeiro e tranquilo". Ao voltar destituído para o Rio de Janeiro, trajado à paisana, seria recebido com honras no aeroporto por um contingente de seiscentos oficiais da Armada, em uma manifestação de apoio às suas posições. Decorrido menos de um ano, às vésperas da vitória de Tancredo Neves no Colégio Eleitoral, a revista *Veja* divulgou que Maximiano tinha preparado um plano detalhado para que a Marinha resistisse a um eventual golpe de Estado que poderia ser dado em função do quadro sucessório. Ele nada falaria a respeito e o assunto àquela altura parecia esquecido.

Consegui seu número de telefone. Ele atendeu na hora e concordou em me receber. Marcou o encontro em Brasília, onde morava sua filha. Falamos por cerca de cinco horas, durante as quais ele tomou inúmeros cafezinhos, seguidos de cigarros que fumava sem tragar. Quando calculei que era a hora, entrei cautelosamente na questão que de fato interessava: o plano contra o golpe.

– Eu não posso confirmar.

– Mas o plano existia?

Uns 15 segundos de silêncio. Mais um cafezinho. Mais um cigarro. Eu quieto.

– Hummm... *[Pausa.]* Aquilo é assunto classificado. *[Outra pausa.]* A Marinha tinha uma posição firme, definida. Ou seja, a Marinha não embarcaria em golpes, em hipótese nenhuma.

Novo silêncio. Escutava-se o pio dos passarinhos que voavam à beira do lago Paranoá.

– *[Baixando o tom da voz, como se alguém pudesse ouvir.]* Existe um exemplar só.

– Nenhuma cópia?

– Não, apenas um exemplar, rubricado por mim e lacrado. Mas não era só a Marinha que iria entrar, não. A Aeronáutica estava conosco. E grande parte do Exército. Olha, eu não posso falar sobre isso, senão me prendem. E eu vou contar o que contém um documento secreto que está trancado no cofre?

Contaria uma parte – a única que viria a público –, interrompendo novamente o silêncio que se seguiu.

– Que tal se a gente bloqueasse os portos de Santos e do Rio de Janeiro? Fecharíamos os dois maiores portos do Brasil. Pronto, aqui ninguém entra. Já imaginou o efeito? Eu lá no mar fechando o porto, eles em Brasília. Venham cá me combater!

Continuou por mais meia hora. *Thank you again*, Barry Golson.

Ressalvadas exceções como essas, as melhores entrevistas foram com figuras que não se mostravam dispostas a concedê-las. Levei perto de um ano para receber a autorização de decolagem do presidente da Varig, Helio Smidt, que hoje batiza a estrada de ligação da rodovia Ayrton Senna ao Aeroporto Internacional de Guarulhos, duas homenagens a entrevistados da *Playboy*, portanto. A Varig era um assombro em 1989, quando nada parecia indicar o seu fim. Tinha uma frota de 87 aviões (entre eles 14 saudosos Electra II que operavam a ponte aérea entre São Paulo e Rio de Janeiro), 26 mil funcionários e

9 milhões de passageiros anuais. Voava para 43 cidades do país e 43 do exterior. Seu serviço de bordo parecia inacreditável perto das barrinhas de cereal e pacotinhos de amendoim com os quais os viajantes das linhas domésticas do século XXI enganariam a fome. No voo 101, de Porto Alegre ao Rio, sem escalas, elegantes e educadas aeromoças serviam no almoço salmão defumado, filé-mignon, queijinhos franceses e vinhos na temperatura certa em pratos de porcelana e copos de cristal, com talheres que não entortavam. Na primeira classe internacional ofereciam champanhe Dom Pérignon e caviar beluga iraniano – antes do jantar –, mas lembrar isso já é covardia. No comando da maior empresa aérea do país, o pequeno e atarracado gaúcho Smidt era discreto e não gostava de aparecer. Quando enfim deu as boas-vindas a bordo, fez questão de mostrar a Varig inteira por dentro. Ele me acompanhou pessoalmente nos hangares, nas cozinhas, nas áreas de manutenção técnica, nas aulas de treinamento dos comissários e nos simuladores dos Boeings. Em um trecho de turbulência na conversa, eu quis confirmar uma história. Seria verdade que Leonel Brizola, candidato a presidente da República, ganhara passe livre da companhia para viajar de graça pelo resto da vida? Dizia-se que se tratava de uma retribuição porque ele, como governador do Rio Grande do Sul, ajudara a empresa a se expandir. Um assessor, presente naquela etapa da entre-

vista, pediu que eu retirasse a pergunta. Apesar de incomodado, Smidt respondeu com honestidade. Disse que a empresa era apolítica, mas não cultivava a ingratidão. Sim, Brizola tinha cortesia permanente.

Dessa vez, segui o conselho de não desligar o gravador até ir embora. Estava deixando sua imensa sala junto do aeroporto Santos Dumont quando vi uma foto do papa João Paulo II acomodado numa poltrona de DC-10 da Varig. Fora feita no dia em que o pontífice voltou de Manaus para Roma, na última etapa de sua primeira visita ao Brasil, em 1980. Smidt revelou que viajara com ele e ganhou um santinho de presente. Fiz então a derradeira pergunta:

– Como anfitrião, o que o senhor lhe ofereceu para beber?

– Ele aceitou um vinho do Porto e... uma vodcazinha, para falar a verdade.

– Polonesa, naturalmente?

– Não, Stolichnaya. Russa. A bordo nós só temos o melhor.

Entre as 22 entrevistas que realizei, poucas exigiram tanto trabalho de convencimento quanto a do ator Lima Duarte. Em 1989, quando o procurei, ele brilhava como o inesquecível Sassá Mutema na novela *O salvador da pátria*, contracenando com Maitê Proença. Parava o país. Teve audiência média de 63 pontos (74 no último capítulo), uma das maiores da história da televisão brasileira.

Com tamanho sucesso e envolvido a semana inteira nas gravações, por que haveria de ficar horas a fio na frente de um repórter para repetir – ele assim imaginava – aquelas coisas que já havia dito incontáveis vezes? Cada vez que eu ligava para seu apartamento em São Paulo, alguém atendia. Era ele. Mas identificava-se como outra pessoa, imitando vozes. Tinha uma habilidade extraordinária nesse truque. Eu ignorava que ele dublara o Manda-Chuva, a tartaruga Touché e outros personagens de desenho animado. "Meu patrão não está, volta daqui a duas semanas", falava com rouquidão. "O seu Lima ainda não veio, chame no mês que vem", dizia com vozinha fina na ligação seguinte. Assim continuou, até que o peguei em um intervalo do programa *Som Brasil*, que ele apresentava. "Não cansou de ficar me ligando?", rabujou com a voz verdadeira. Expliquei meu objetivo, argumentei e ele afinal cedeu. Disse que eu deveria me apresentar às sete da manhã do domingo seguinte no aeroporto de Viracopos, onde ele embarcaria em um aviãozinho fretado para a cidade de Vera Cruz, no interior paulista, como convidado de um rodeio. Falaríamos na viagem.

Foi quase uma pegadinha. Madruguei para me apresentar no horário combinado. Sonolento, avisou que precisava tirar um cochilo rápido. Acordou no desembarque. A cidade inteira sairia às ruas para vê-lo cavalgar em um manga-larga do modesto aeroporto ao local do evento.

Improvisou um rápido discurso, posou para fotos, deu autógrafos, almoçou com os organizadores – eu me limitava a observar – e avisou que iríamos embora. Antes, percebi que um dos anfitriões lhe entregou um maço de notas de dólares, seu cachê pela presença. Quando embarcamos no pequeno bimotor para voltar, aconteceu o que eu temia: refestelado em seu assento, não daria mais sinal de vida. Despertou em Viracopos. Mas, no saguão, estimulado por um café, abriu a guarda e marcou a primeira de nossas conversas.

A paciência compensou. Ele contaria deliciosas passagens de sua desconhecida convivência com o magnata das comunicações Assis Chateaubriand. Trabalhou ao lado dele, como funcionário da TV Tupi, no ocaso de sua vida. Chatô estava praticamente paralisado em uma cadeira de rodas, em consequência de um acidente vascular cerebral (AVC), e não falava mais, exceto palavrões, que Lima Duarte reproduzia com a graça habitual. Ele parecia entender o que o patrão queria dizer e "traduzia" para as visitas. "Eu era seu cachorrinho da RCA Victor, a voz do dono", diria. Na ocasião, o escritor Fernando Morais escrevia sua biografia. Apesar da insistência, não quis lhe dar um depoimento. Deixou-o para a *Playboy*.

Em um belo dia, lembraria como criara o personagem Zeca Diabo, o matador da novela *O bem-amado*. "Eu precisava vesti-lo, mas os figurinos disponíveis no acervo da Globo não tinham vida", explicou. "Percorri então umas velhas tinturarias na região da Estação da Luz. Tem gente que deixa roupa para lavar e nunca mais vai buscar. Acabei encontrando o que queria." A caracterização ficaria completa com a voz fininha que lhe deu, semelhante à que usara para atender meus telefonemas, fingindo que não era ele. Zeca Diabo, pelos planos de Dias Gomes, autor da trama, deveria aparecer em cinco capítulos. Ficou até o final do folhetim, que se desdobraria em uma série e duraria perto de dez anos.

Em um novo momento, não escondeu a emoção ao confessar sua paixão pelo tango e por Carlos Gardel. Adquirira o gosto com a mãe, artista de circo mambembe que, nas suas recordações, "cantava com um vestido vermelho bem curtinho". Para meu espanto e com aparente seriedade, afirmou que Gardel não havia morrido em 1935, em um desastre aéreo na Colômbia, conforme a História registrava. "Ele continua vivo", assegurou. "Mora embaixo da minha cama." Não parecia estar brincando. Talvez irritado com minha incredulidade, disse que falara exatamente aquelas palavras para o escritor argentino Julio Cortázar. E qual foi a reação do autor de *O jogo da amarelinha*? "Ouviu com a maior atenção", respondeu.

Na despedida, indaguei o que o levara a mudar de ideia e dar a entrevista. "Consultei duas mulheres", esclareceu. "A Guta, Maria Augusta Mattos, diretora do elenco da Globo, garantiu que sairia direitinho como eu sou. E a Maitê Proença disse que as entrevistas da *Playboy* são as melhores e as mais profundas da imprensa brasileira. Agora quero ler o resultado para ver se elas tinham razão."*

CARLOS MARANHÃO

é jornalista e escritor. Foi editor e diretor de redação de *Playboy* em duas passagens, entre 1984 e 1990. Trabalhou também em *Placar*, *Veja* e *Veja São Paulo*, todas da Editora Abril, onde permaneceu 42 anos. É autor de *Maldição e glória – A vida e o mundo do escritor Marcos Rey* e *Manual de estilo da Editora Abril*. Lançará em 2016 uma biografia do editor e empresário Roberto Civita.

* No programa *Roda viva*, em 2006, Lima Duarte cita a entrevista dada à *Playboy*, dizendo que a revista "era muito importante naquele tempo, fazia grandes entrevistas, e [a dele] foi escrita por um jornalista maravilhoso chamado Carlos Maranhão, que eu faço questão de homenagear". (N.E.)

A FILHA DE FIDEL E AS FOTOS DE XUXA

Ricardo Setti

Era batata: cada vez que me encontrava pelos salões e corredores da Editora Abril em eventos ou casualmente, Roberto Civita, presidente da empresa e editor de *Veja,* lançava, sorridente, a pergunta:

– Como é, Ricardo Setti? Está se divertindo bastante em *Playboy*?

Eu respondia sempre que sim, embora fosse uma meia verdade. Era, efetivamente, verdade, porque me mobilizava muito o desafio de, como diretor de redação, não apenas manter a revista em sua trajetória de sucesso, mas, naquele período (1994-1999), fazê-la crescer, prosperar e firmar-se como a principal referência no mercado masculino. Ainda mais considerando que, anteriormente, sob a direção competente e rigorosíssima de Mario Escobar de Andrade, eu já passara pela redação durante um ano e meio, entre 1985 e 1986 – primeiro como redator-chefe, com o encargo de cuidar da pauta e de todos os textos de reportagens, entrevistas, artigos, colunas e até piadas – da primeira à última linha –, e, posteriormente, como editor especial, encarregado de realizar entrevistas e reportagens de peso.

Dirigi-la anos depois, portanto, era a oportunidade de colocar em prática tom, conteúdos e forma de comandar próprios. Para usar a linguagem de Roberto Civita, era muito compensador e divertido. Mas minha resposta a Roberto era também uma meia verdade porque se tratava de um desafio que exigia, consumia, absorvia, preocupava – a começar pelo fato de que, todo santo mês, a ótima equipe da revista e eu tínhamos pela frente uma capa em branco a ser preenchida por uma estrela, uma atração, uma surpresa. Não era fácil. Não era propriamente divertido.

Lidar com celebridades, como não ignora qualquer profissional que o faça ou tenha feito como parte de suas tarefas, é pisar em terreno minado. E, na capa da revista, como sabem, sempre que possível há que se ter celebridades – mesmo aquelas que o artista plástico norte-americano Andy Warhol definiria como celebridades por 15 minutos, pessoas (no caso, mulheres) que, por uma ou outra razão, migravam de um dia para o outro para manchetes de jornais, revistas de famosos e programas de TV. E, ao lado de mulheres extremamente positivas, razoáveis e suficientemente adultas com que *Playboy* negociava, havia também, como é natural, estrelismos, manias de grandeza, caprichos e outros fatores que tornavam esse trabalho, muitas vezes, uma tremenda dor de cabeça. Um desses fatores, em geral mais caprichosos e complicados do que as estrelas, eram mães de estrelas...

O pior, porém, seria enfrentar o fato de que, não raro, agentes ou advogados de estrelas descumpriam o combinado. Relembro, como exemplo, só um caso, espantoso. Tratamos por semanas a fio com um advogado de uma superestrela da Globo – dessas geniosas e complicadas – em conversas pessoais, por telefone e por fax (o e-mail ainda não chegara a sua plenitude). Com tudo acertado para ela figurar na capa, inclusive com a aceitação de um item que eu vinha introduzindo nos contratos para dividir os riscos com a contratada – o de que parte da remuneração estaria ligada à venda da revista em bancas, um "xis" por exemplar –, seguimos para o Rio de Janeiro a editora de fotografia, Ariani Carneiro (a principal negociadora com estrelas), o advogado e eu, para uma reunião com a atriz em sua casa.

O ápice do espanto se deu quando, a certa altura, a estrela afirmou que, fosse como fosse, precisaria conversar antes com seu advogado – ignorando completamente aquele advogado específico que estava em sua sala, participava da reunião e, durante todo o tempo, com *Playboy*, agira como se de fato a representasse. Saí da reunião naquela bela casa de dois andares no Joá, com uma vista espetacular para o mar, as montanhas verdejantes e a linha de edifícios de São Conrado, bem ao longe, como se tivesse levado uma surra.

Outras estrelas – que por cavalheirismo não vou mencionar – contribuíram fortemente para que, de grisalhos, meus cabelos rapidamente caminhassem para o branco. Todo esse desgaste, contudo, se via amplamente recompensado pelo prazer enorme de fazermos um bom jornalismo, com entrevistas em profundidade e altamente reveladoras, reportagens marcantes – no país e no exterior –, serviço de primeira (em matéria de viagens, comida, bebida, lazer e outros itens), produzirmos um Guia das Melhores Faculdades do Brasil elogiado pelo Ministério da Educação e conseguirmos um timaço de colaboradores de tirar o chapéu em áreas como humor, ficção e ilustração.

O melhor de tudo, no entanto, foi ter contado na redação com um time excepcional e inesquecível de jornalistas, designers e fotógrafos, que tornavam cada dia de trabalho, para mim, uma nova golfada de oxigênio e de vida. Os laços que nos uniam perdurariam: passados muitos anos daquele dia de outubro de 1999 em que deixei *Playboy* para assumir um cargo de direção na Editora Abril, essa turma – inteirinha fora da revista – ainda continuou se reunindo em noitadas que apelidamos de "pajelanças".

Então, sob esse aspecto, eu nunca menti a Roberto Civita ao responder que, sim, eu me diverti muito fazendo *Playboy*. Conto a seguir duas dessas histórias secretas que são prova disso.

O ensaio que levou quatro anos e jamais foi publicado

Quando o Boeing 767-200 prefixo PP-VNP da Varig desceu no aeroporto de Barajas, em Madri, na manhãzinha daquele 9 de março de 1998, uma segunda-feira, confesso que sentia um frio na barriga. Não por medo de aterrissagens. É que, em questão de horas, eu tentaria fechar uma negociação que, para quem era na época diretor de redação de *Playboy*, poderia ser histórica, fazendo a revista estourar nas bancas e repercutir até no exterior: tratava-se de levar para a capa e seu principal ensaio fotográfico, nua, ninguém menos que a única filha – ele tem outros sete filhos – do ditador cubano Fidel Castro, Alina Fernández Revuelta.

Não é que faltasse sucesso para *Playboy*, felizmente. A revista havia vinte anos era a maior publicação masculina do país. Além disso, com apoio forte da Editora Abril, times excelentes nas áreas de marketing, circulação e publicidade e uma equipe espetacular na redação, a gestão que iniciei em *Playboy* no final de 1994 vinha numa curva ascendente de vendas e de faturamento. Àquela altura, tínhamos alcançado quatro das dez edições mais vendidas na história da revista desde a sua fundação, ainda com o título *Homem*, em agosto de 1975 – chegaríamos a nove das dez campeãs, quando deixei *Playboy*, no final de 1999. A edição do vigésimo aniversário, ostentando na capa Adriane Galisteu e contendo um forte pacote jornalístico, em agosto de 1995, batera todos os recordes brasileiros em bancas – mesmo alguns memoráveis, mas não inteiramente comprovados, como os da falecida *O Cruzeiro* –, beliscando o milhão de exemplares.

Orgulhávamo-nos das realizações jornalísticas da revista, cujos editores e repórteres se desdobravam em todas as áreas, no Brasil e no exterior. Num perfil a cargo do escritor Fernando Morais, por exemplo, o ex-presidente Fernando Collor, na solidão da Casa da Dinda, acusou seu vice e substituto, Itamar Franco, de "traição". Outros poderosos da vez estavam presentes em nossas reportagens e entrevistas: Antonio Carlos Magalhães, César Maia, Tasso Jereissati ou o presidente da Argentina, Carlos Menen. Fomos ao Congo (então Zaire) em guerra civil, a Hong Kong depois de passar do domínio britânico para a soberania chinesa, ao Iraque para ver como vivia, amava e se divertia a juventude sob a ditadura sanguinária de Saddam Hussein. Viajamos na comitiva do presidente Fernando Henrique Cardoso para revelar os bastidores de suas missões internacionais, contamos o drama de um brasileiro no corredor da morte em uma penitenciária da Flórida, nos Estados Unidos, reportamos o difícil trabalho dos 1.200 soldados brasileiros em missão de paz na conflagrada Angola e nos aventuramos nos confins do Djibuti, no Chifre da África, para narrar a história e as ações da Legião Estrangeira, a mitológica unidade militar francesa. E por aí vai.

Outras áreas de interesse também nos davam satisfação pelos resultados. O posteriormente extinto "Ranking Playboy das Melhores Faculdades do Brasil" era considerado pelo ministro da Educação, Paulo Renato, "o melhor instrumento de avaliação do ensino superior brasileiro" antes da instituição do Provão pelo Ministério da Educação (MEC), em 1996. Nossos concursos de contos incluíam no júri escritores do porte de Nélida Piñon, Lygia Fagundes Telles e Ivan Angelo. No capítulo charme, indispensável para a revista na época, havíamos, entre muitas atrações, contado as maravilhas do Principado de Mônaco, descrito os segredos e histórias do célebre Harry's Bar, de Veneza, visto e reportado por dentro os desfiles da alta moda em Paris, com suas supermodelos maravilhosas, bem como o vidão dos multimilionários em Saint Barthélemy, no Caribe.

Nada disso, porém, me removia o frio na barriga quando as turbinas do Boeing silenciaram e começou o desembarque em Madri. O sucesso alcançado, de acordo com os melhores manuais, não é suficiente para uma publicação: havia que continuar surpreendendo, informando e entretendo o leitor para sobreviver com saúde, sobretudo numa fase em que a internet já produzia estragos em jornais e revistas impressos.

Alina, a "filha rebelde" de Fidel, fruto de um *affaire* de uma mulher casada e rica, Natalia "Naty Revuelta", com o líder barbudo nos primórdios da luta contra a ditadura de Fulgencio Batista em Cuba, reunia sem dúvida condições para ser uma surpresa espetacular na capa de

Playboy. Ela conseguira capturar manchetes do mundo todo ao fugir de forma rocambolesca da ilha em dezembro de 1993, rumo a Madri, com passaporte espanhol falso e um disfarce que incluía a imitação do sotaque castelhano, roupas espalhafatosas e uma peruca. No ano seguinte, de novo ganharia destaque na mídia ao protestar publicamente contra a presença de Fidel na Assembleia Geral da Organização das Nações Unidas (ONU), em Nova York. Posteriormente se conheceriam mais detalhes sobre a difícil e kafkiana história de Alina, para quem até os dez anos de idade parecia tão certo como o nascer diário do sol o fato de seu pai ser o dr. Orlando Fernández Ferrer, o médico carinhoso com o qual a mãe se casara e tivera, antes dela, outra filha, Natalie. Um dia, de uma só vez, a menina ficou sabendo que o dr. Orlando, proibido pela revolução triunfante de manter clínica particular, fora embora para Miami com sua irmã Natalie, e que seu pai de verdade era o barbudo grandão que mandava em Cuba, visitava a mãe com frequência em horas estranhas e agia como uma espécie de tio.

Ao longo da relação conturbada que viveriam anteriormente à ruptura de Alina com Fidel, aos 23 anos, ele se revelaria um pai frio e distante, com quem ela não conseguia falar ao telefone, que não respondia a suas cartas e chegou a passar quase dois anos sem encontrar tempo para vê-la nem para recebê-la no Palácio da Revolução.

No plano material, mostrava-se mesquinho numa escala inimaginável: dava-lhe, de quando em quando, uma mesada próxima de esmola, presentes de camelô e, em seu primeiro casamento, ofereceu a título de "festa" alguns doces, uma salada de macarrão e dez garrafas de rum. Não bastasse isso, agia de forma despótica, até o extremo de um dia ordenar a prisão da própria filha como prostituta por ter-se enamorado de um estrangeiro, um italiano, que seria prontamente expulso da ilha e da vida da jovem. Aí se deu a ruptura final de Alina com Fidel. Não é de estranhar, pois, que Alina recusasse o sobrenome Castro, oferecido depois de anos por Fidel como uma grande concessão, e a certa altura acabasse sofrendo de um grave distúrbio de fundo psicológico, a anorexia, dificuldade que pode chegar à impossibilidade de comer.

Mesmo assim Alina tocou a vida: morou em Paris durante um período em que a mãe exerceu funções na embaixada de Cuba, estudou balé, chegou a vencer competições de natação, cursou alguns anos de medicina, trabalhou em diferentes funções, inclusive na de modelo da estatal cubana de moda La Maison, e teve uma filha, Alina-María Salgado Fernández, a "Mumín", do terceiro de seus cinco casamentos.

Era com essa mulher de incrível biografia que eu negociaria em Madri. A negociação, esperava eu, culminaria um longo e difícil processo de mais de três anos de contatos, pessoais, por telefone e por fax – estávamos no período histórico imediatamente anterior ao e-mail –, entre *Playboy* e Alina, durante os quais conseguimos manter um quase milagroso sigilo (qualquer vazamento prejudicaria o efeito surpresa que pretendíamos). Quando cheguei à revista, em novembro de 1994, mantinha a lembrança de, meses antes, a filha rebelde de Fidel ter denunciado os abusos cometidos pelo regime cubano. Sempre procurei, nas funções que exerci, buscar boas histórias no vácuo de acontecimentos relevantes ou interessantes que a mídia trata e depois esquece. E uma das primeiras tarefas que encomendei ao redator-chefe Humberto Werneck, excelente jornalista, bom amigo e companheiro em outras redações, seria justamente investigar o paradeiro de Alina. Werneck fizera várias reportagens em Cuba para diferentes veículos e acumulara fontes na ilha. Buscaríamos, expliquei-lhe, um duplo objetivo: produzir um rico perfil da filha de Fidel para a publicação e, adicionalmente, abordá-la com um convite para posar despida. A proposta não se fundava exclusivamente no nome de Alina: a julgar pelas fotos publicadas em jornais e revistas, a ex-modelo reunia condições estéticas para figurar na revista.

Werneck logo descobriu que Alina vivia no estado da Geórgia, baluarte do conservadorismo do Sul dos Estados Unidos, na improvável e monótona cidade de Columbus, cuja única importância na ordem das coisas consiste em ser a terra do inventor do xarope que deu origem à Coca-Cola. Demandou tempo e paciência convencê-la a atender ao telefone e, mais ainda, a recebê-lo, segundo o próprio Werneck contaria em texto que contém uma fração dessa história, publicado na *Mitsubishi Revista* de junho de 2004, reproduzido, no mesmo mês, no "Caderno 2" de *O Estado de S. Paulo* e que acaba de voltar à tona no recém-lançado livro de crônicas *O espalhador de passarinhos.* Nossa persistência, contudo, venceu, e em fevereiro de 1995 ele embarcaria para os Estados Unidos e produziria o rico perfil de Alina publicado na edição de abril da revista, sob o título "A filha do homem". Alina conseguira permissão de Fidel para trazer a filha aos Estados Unidos, estava às voltas com um livro de memórias encomendado pela gigante editorial alemã Bertelsmann que não conseguia fazer avançar, apanhava de instrumentos elementares do capitalismo como talões de cheques e cartões de crédito e contou ao repórter episódios dramáticos de sua vida e do relacionamento com o pai que nunca chamou de pai, embora só alguns dos narrados anteriormente neste texto. Estes só se tornariam públicos, junto a uma enxurrada de fatos sobre as infernais condições de vida em Cuba e o grau de violência e corrupção que ela testemunhara no regime, quando o livro finalmente veio à luz em Barcelona, em 1997: *Alina – Memórias de la hija rebelde de Fidel Castro.*

De todo modo, em Columbus, Werneck cumprira perfeitamente a primeira parte da encomenda ao recolher informações, declarações e impressões para o perfil de Alina. A segunda parte – o convite para posar – ocorreria no segundo dia de entrevistas, numa noite em que acompanhou a filha de Fidel à casa de uma amiga, Elena Diaz-Verson Amos, cubana radicada nos Estados Unidos. Então com 68 anos, era viúva de um magnata norte-americano e personalidade ativa na ajuda a compatriotas exilados. Ao saber que o jornalista trabalhava para *Playboy* no Brasil, *doña* Elena, financiadora da fuga de Alina, perguntou, com uma pontinha de malícia:

– Mas o senhor não veio convidá-la para posar para a revista, não é?

– Por que não? – rebateu Werneck, entrando pela primeira vez no assunto e agradecendo aos céus que a iniciativa partisse de *doña* Elena. Para sua surpresa, Alina repetiu a pergunta:

– Por que não?

A filha Mumín, porém, a essa altura com 17 anos de idade, escandalizou-se e expressou contrariedade:

– *¡Mamá, no digas eso!*

Mumín se convertera ao catolicismo, e já devidamente adaptada ao Bible Belt, o "Cinturão da Bíblia" dos Estados Unidos, onde se situa a Geórgia, era frequentadora de um grupo de estudos religiosos. A agnóstica Alina, entretanto, à saída do apartamento de *doña* Elena, cochichou a Werneck que a procurasse no dia seguinte, à tarde, enquanto Mumín estivesse na escola, para falarem mais à vontade dessa hipótese. Werneck notou a animação da entrevistada logo ao chegar à sua casa de fachada de tijolos: ela juntara, para mostrar-lhe, uma série de fotos caseiras e algumas do seu período de modelo. Ponderou, porém, que, aos 38 anos e tendo abandonado a ginástica e o *jogging* desde a chegada aos Estados Unidos, havia ano e pouco, se achava acima do peso.

– *Tengo que ponerme en forma* – disse.

Os dois combinaram uma brincadeira, uma história de Joãozinho e Maria às avessas: se, na fábula, o menino prisioneiro da bruxa má deveria exibir o dedinho através das grades para revelar seu processo de engorda e o ponto de ser devorado, ela manteria Werneck informado sobre os esforços para baixar o peso. Alina, no entanto, não respondeu nem sim nem não à proposta financeira que recebeu. Tratava-se de uma bela cifra, suficiente, na época, para comprar um carro importado de luxo no Brasil, dos grandes.

A partir da volta do jornalista a São Paulo, o telefone tilintava de quando em quando na redação ou em sua casa. Alina, ser notívago, que atravessava a noite assistindo TV, escrevendo, fumando ou bebericando Campari, mantinha relações inamistosas com os fusos horários e, não raro, acordava o redator-chefe às três ou quatro horas da madrugada com o refrão:

– *Aqui habla tu amiga Alina Fernández, desde Columbus.*

Os telefonemas passariam a vir de Madri após certo tempo, até que finalmente, no começo de 1998, depois de três anos de entendimentos, idas e vindas, Werneck entrou na minha sala com a boa-nova:

– Rapaz, a Alina ligou de Madri dizendo que está pronta para o ensaio!

Quase pulei da cadeira, e lhe disse:

– Arrume as malas porque você vai pra lá fechar contrato com ela.

Werneck, porém, que julgara com certa severidade a figura física de Alina em nossas conversas desde um primeiro telefonema de Columbus, não estava familiarizado nem se sentia confortável com essa área de trabalho em *Playboy*, que por sinal não figurava entre suas atribuições. Toda a redação, inclusive ele, contribuía com ideias para ensaios e com sugestões de garotas a procurar. Mas tratar de contratos com aspirantes a modelos, modelos ou superestrelas cabia à experimentada editora de fotografia, Ariani Carneiro. Em certos casos – entre outros, os de Adriane Galisteu e Marisa Orth –, eu próprio cuidava do assunto, sempre em sintonia com Ariani. De modo que, sem grande surpresa para mim, a resposta de Werneck foi:

– Acho que não, Setti, isso é coisa de diretor.

Telefonei a Alina para me apresentar e combinar um encontro em Madri. Poucos dias depois eu aterrissava em Barajas. Na noite da terça-feira, 10 de março, pontualmente às nove horas, como o combinado ao telefone, lá estava eu no restaurante basco Alkalde, repleto de recantos aconchegantes, apropriados para conversas reservadas. Alina chegou com o companheiro Jaime Manso Zubeldía, advogado, ex-oficial da Marinha Mercante espanhola e presidente de uma ONG de ajuda humanitária a cubanos, Puente Familiar con Cuba (http://puentefamiliarconcuba.org). Mais tarde juntou-se à mesa um advogado espanhol amigo do casal. A despeito de toda uma vida profissional dedicada ao *hard news*, ao jornalismo "puro e duro" em redações tais quais as de *Veja*, *IstoÉ*, *O Estado de S. Paulo* e *Jornal do Brasil*, eu estava em *Playboy* havia tempo suficiente para dispor de olho clínico escrutinador quanto às nossas necessidades visuais. Alina, percebi aliviado, não apenas não era feia, como, diferentemente do julgamento de Werneck, a despeito do ar tristonho, me pareceu uma mulher com atrativos. Desde que, bem entendido, passasse por uma série de cuidados de beleza que visivelmente não integravam seu cotidiano. Notei cabelos clamando por atenção, unhas maltratadas, pele do rosto saudável, mas necessitando de um bom *upgrade* cosmético. Em compensação, tinha um nariz pronunciado, marcante, olhos vivos e um sorriso bonito. Em suma, devidamente cuidada por Ariani e equipe, faria boa figura.

Ao contrário do que imaginei, não houve tensão no jantar. Alina mostrou-se simpática, boa conversadora e franca, deixando claro que o único objetivo pelo qual se dispunha a posar seria utilizar a maior parte do dinheiro do contrato em benefício de cubanos necessitados, na ilha ou no exílio. Sabia que a exposição em *Playboy* e a inevitável repercussão lhe custaria um preço. O advogado, cujo nome infelizmente não retive, interveio na hora de ver os termos do contrato que levei. Em linhas gerais, parecia-lhe bem. Jaime opinou o mesmo. O problema foram as cifras. Fiz-lhe uma oferta 20% maior que a inicial, apresentada por Werneck. Alina nem pediu para pensar. Com o apoio de Jaime e do advogado, disse que era pouco, diante dos contratempos que o ensaio lhe causaria. Argumentei que sua eventual participação na venda das fotos para edições de *Playboy* em outros países engordariam a cifra, mas ela colocou as cartas na mesa: não haveria jogo sem um aumento de 70% na proposta. Eu não podia bater o martelo sem um OK da Abril. Reagi avaliando a cifra como excessiva e ressaltei que precisava estudar o caso e consultar diretores na empresa.

Não obstante a não conclusão do acerto, o jantar encerrou-se no clima cordial do início. Prometi que voltaríamos a nos falar dentro em breve. No dia seguinte, enviei a Alina flores e um cartão para sua casa, e ela e Jaime fizeram a delicadeza de remeter ao meu hotel uma caixa de caramelos da tradicionalíssima *bombonería* La Pajarita, uma instituição em Madri que funciona desde 1851.

Na volta a São Paulo mergulhei na questão das cifras, negociando dessa vez com meus superiores na Abril. Na condição de jornalista, prestava contas somente ao vice-presidente e diretor editorial, Thomaz Souto Corrêa. Na de executivo, reportava-me, nos aspectos de negócio, financeiros e administrativos, ao diretor de revistas masculinas, Nicolino Spina. Thomaz, a quem me ligavam 14 anos de amizade, que ele como ninguém sabia separar do aspecto profissional, supervisionava, com rigor, a qualidade editorial das revistas. Suas funções não incluíam o lado negocial, mas ele me recomendou que fizesse o possível para a obtenção de um OK de Alina. A questão do dinheiro debati com Nicolino. Muito mais jovem que eu, agitado e dinâmico, com um ano e pouco na Abril, Nicolino se revelara desde o começo um parceiro nas empreitadas da redação. Bolamos uma fórmula de chegar à dinheirama pedida por Alina: incluir *Playboy* norte-americana nas tratativas. Para tanto, mantive longas conversas telefônicas com um constante interlocutor em Chicago, sede da revista – David Walker, diretor editorial internacional da revista fundada e ainda controlada de perto pelo mitológico Hugh Hefner. Depois de alguns dias, contudo, os norte-americanos desistiram, antes mesmo de Alina se manifestar. Constatei que, por atraente e chamativa que fosse, a ideia de ter a filha de um arqui-inimigo dos Estados Unidos na capa da gigante que vendia à época 4 milhões de exemplares não se encaixava na fórmula de Hefner.

Nicolino acabou concordando em bancarmos, sozinhos, os cifrões exigidos pela filha de Fidel, quando argumentei não apenas com os resultados que a revista obteria com as vendas em bancas e a publicidade, mas igualmente com os possíveis ingressos que a publicação das fotos poderia alcançar em edições de países sem os problemas dos norte-americanos, como Alemanha, França ou Holanda. Por telefone, Alina em princípio deu um OK. Ato contínuo, decidi despachar para Madri, portando um rascunho de contrato, uma das figuras-chave da equipe, Ana Maria Moreno, supervisora administrativa da redação. Ana, de minha absoluta confiança para qualquer assunto e a quem eu chamava de "nossa ministra da Fazenda", cuidava da administração do orçamento da revista, dos contatos cotidianos com Chicago e as edições internacionais e de uma série de outras tarefas que exigiam competência, atenção e rigor. Ela reunia dois quesitos adicionais passíveis de amaciar a filha de Fidel: é espanhola de nascimento e fluentíssima no idioma de Alina. Também considerei importante que Ariani, a editora de fotografia, a acompanhasse, pois assim conheceria Alina, estabeleceria com ela uma relação importante e verificaria o que seria necessário providenciar em matéria de tratamentos de beleza e de elementos para a produção – roupas, lingerie, joias, sapatos e demais itens que incluíamos nos ensaios.

Naquele 8 de julho de 1998, minhas duas emissárias de confiança em *Playboy* seriam recebidas por Alina Fernández Revuelta, a filha de Fidel Castro, no decadente apartamento que ocupava na central *calle* Bárbara de Braganza: móveis gastos, paredes com manchas, decoração modesta. A dona da casa não impressionou as visitantes: chegou atrasada ao encontro e vestia uma espécie de jardineira ou macacão cheio de manchas.

Explicou que tinha ajudado a empurrar o automóvel enguiçado de um amigo. Como sempre, todavia, demonstrou simpatia e amabilidade. Enquanto Jaime, seu companheiro de então, preparava uma refeição constituída de várias e apetitosas pequenas porções, Alina exibia para as duas brasileiras lembranças de quando ele viajava pela marinha mercante. Em certo momento, Jaime contou à dupla de *Playboy* que a anorexia da mulher deixara sequelas: ela não gostava de comer diante de outras pessoas, tanto que mal tocou nos pratos servidos.

O contrato, no entanto, não seria assinado ainda dessa vez. Alina queria um pequeno reajuste no preço, na tentativa de livrar-se de parte dos impostos. De volta ao hotel, Ana Maria me telefonou. Dei o OK por conta própria, certo da aprovação posterior do diretor Nicolino Spina, o que efetivamente ocorreu. A ética me impede de mencionar cifras precisas, mas havíamos atingido um volume de dinheiro suficiente para a compra na época de um apartamento de três dormitórios num bairro nobre de São Paulo.

O documento, em versão final saída da própria impressora da interessada, enfim receberia a firma de Alina Fernández Revuelta no dia seguinte, 9 de julho de 1998. Ela se aprontara apropriadamente para a ocasião, com um vestido fino, bons sapatos, maquiagem e joias. E se abriu com Ana, com quem estabeleceu desde o início grande empatia, dando conta de que mudara em boa parte as intenções desde a conversa comigo, em março:

– Estou cansada de ajudar todo mundo. Agora preciso pensar em mim e em minha filha.

E expressou o desejo de que o ensaio fosse feito em Madri mesmo. Não queria viajar. Foi mostrar o que lhe parecia uma locação adequada – um apartamento pertencente a um amigo, sem nada de especial, a anos-luz do bom gosto e do luxo que usávamos para fotos em ambientes fechados. Ana e Ariani desconversaram.

Aproveitaram, porém, para fotografar Alina com suas câmeras, material que levariam ao fotógrafo que escolhêssemos. Um pouco como celebração, o grupo decidiu almoçar num restaurante mexicano, Entre Suspiro y

Suspiro, de um amigo do casal. Jaime ofertou a Ana e a Ariani, para cada uma, uma caixa dos caramelos da mesma magnífica La Pajarita que eu já provara.

O implacável verão de Madri vivia o auge, com um calor de quarenta graus à sombra. Ana me telefonou novamente, exultante, contando que a novela terminara. A dupla de *Playboy* tinha voo marcado para a noite do dia subsequente – assim, naquele dia, as duas almoçaram num restaurante da Plaza Mayor antes de voltar ao Brasil. Estava para acontecer a grande aventura.

Chegara finalmente o momento de planejar o ensaio. Desde havia muito me decidira pelo fotógrafo: J.R. Duran, cujo trabalho e imagem estavam fortemente associados à revista. Até ali, Duran fotografara nada menos que 121 ensaios de *Playboy* (e atingiria o espantoso recorde de 243 até outubro de 2010; a partir daí, ele próprio revela que deixou de contar).

Tratava-se não somente de um grande fotógrafo, mas de alguém que eu conhecia desde a década de 1980, quando tive passagem anterior pela revista, com quem desenvolvi amizade fraterna e em quem confiava sob todos os aspectos. Após estudar as fotos de Alina trazidas de Madri, sugeriu que a clicássemos em Roma, distante de qualquer implicação política (à época a Espanha mantinha com Cuba relações harmoniosas), e no charmoso Hotel Excelsior.

Duran descreveu posteriormente o hotel em seu blog: "Foi construído em 1906 e fica na Via Veneto. Bem no fim dela, lá no alto, quando a rua se encontra com os jardins da Villa Borghese. O prédio foi catapultado para o estrelato (o prédio, isso mesmo) no filme *La dolce vita*, de Fellini. Foi por entre as mesas espalhadas na rua, de seu bar – o Doney –, que apareceram as figuras dos primeiros e alegres *paparazzi* que depois se multiplicaram e reproduziram de uma maneira que nem o Marcelo Mastroianni poderia imaginar. Foi nessa mesma calçada que o desconhecido ator norte-americano Lex Barker, fotografado brigando com a mulher, se pegou de tapas com os fotógrafos e ficou famoso".

"A partir dos cabelos de Alina, como vi nas fotos", relembraria recentemente Duran, "imaginei recriar uma atriz italiana, talvez a Laura Antonelli, de lingerie e espartilhos pretos, estabelecendo no ensaio um tipo de relação com Fellini, com a Via Veneto, ou um clima meio Visconti, meio Lampedusa", referindo-se ao escritor Giuseppe Tomasi di Lampedusa, autor do romance *Il gattopardo*, em que se inspirou o filme de título idêntico dirigido por Luchino Visconti, com Burt Lancaster, Claudia Cardinale e Alain Delon (*O leopardo*, no Brasil).

A suíte alugada por Ariani, repleta de sofás, poltronas e cortinas de veludo vermelho, favoreceria, sobretudo, o clima viscontiano.

Para ter algum controle sobre os passos de Alina, achei conveniente enviar Ana Maria a Madri para, de lá, partirem as duas e Jaime para Roma. Ana aportou no dia 5 de setembro na capital espanhola e, seguindo as instruções de Ariani, combinou com Alina irem, no dia seguinte, a um salão de beleza. À noite Ana se deu um passeio e foi assistir ao balé e orquestra da Ópera de Kiev no Teatro Lope de Vega, na Gran Vía.

A ida ao salão de beleza trouxe um pequeno contratempo: Alina não queria se submeter a tesouras, pinças, tinturas e cremes de nenhum dos locais anteriormente pesquisados e julgados convenientes por Ariani, preferindo um cabeleireiro de sua confiança, num estabelecimento modesto. Mas hidratou e tingiu os cabelos, fez manicure e pedicure e teve as sobrancelhas depiladas.

Os três provenientes de Madri se encontraram no hotel de Roma com a equipe vinda do Brasil: Duran, Andrea – uma assistente de seu estúdio –, Ariani e o cabeleireiro e maquiador Kaká Moraes. Se a equipe era pequena, trouxe uma bagagem imensa, com todo o conjunto de produção selecionado por Ariani. "Escolhi uma produção com base no preto – roupas, lingerie, sapatos", conta Ariani.

"Alina já não sendo mais uma garota, segui a norma de que o preto sempre afina a silhueta. Além do que é mais elegante, com ele se corre menos riscos, sem contar que, sendo um clássico, tinha tudo a ver com nossa locação. Levei também espartilhos, para alongar a região do ventre, muitas transparências, como musselinas e rendas, e sapatos de salto alto, devido a sua pouca estatura, 1,65 metro. Queríamos fazer uma matéria elegante, sutil – me preocupei muito com a sutileza da nudez. Imaginava o erótico do trabalho com vestidos entreabertos, pernas e sexo entrevistos, sem exageros."

A elegância incluía, somadas às malas de produção de Ariani e do vasto material de embelezamento de Kaká Moraes, joias da H. Stern e de Antonio Bernardo. A experiência em viagens internacionais para a revista levara Ariani, espertamente, a colocar em si própria as joias, como se dela fossem, para evitar maiores embaraços na alfândega italiana.

No esplêndido Hotel Excelsior, com seu saguão de mármore, seus lustres de cristal, vitrais, quadros a óleo e pesadas cortinas, Ana e Ariani se instalaram na grande suíte que serviria de locação, onde também guardaram o que Ana denomina ter sido "uma montanha de malas de produção". Para que Duran pudesse trabalhar na suíte, elas pulariam da cama às seis da manhã nos três dias de trabalho previstos.

O primeiro encontro de Duran com Alina se daria no bar do saguão, com as bebidas iluminadas em azul no balcão de serviço, emoldurado por um vitral decorado e cadeiras de couro sobre as quais pendia um enorme lustre cor de âmbar. Duran notou que Alina, sorridente e tranquila, só comia uma ou outra azeitona. Não quis jantar com a equipe, preferindo que Jaime providenciasse algo para comer no quarto.

O trabalho começaria logo de manhã, e o time de *Playboy* refez as energias no restaurante Nino, funcionando desde a década de 1930 perto da Piazza di Spagna. Duran se lembra de haver pedido *fagioli al fiasco*, um prato à base de feijão-branco com sálvia que o dono lhe segredou ser o preferido de um assíduo e célebre frequentador brasileiro: o dono das Organizações Globo, Roberto Marinho.

O bom clima da véspera não se repetiria na suíte pronta para o ensaio. "Quando ela olhou para as roupas", relata Ariani, "não conseguia esconder uma expressão de insatisfação". Alina não se constrangeu em despir-se diante do fotógrafo. Estava, entretanto, travada e alheia. Ainda por cima, carrancuda: não sorria de jeito nenhum. "Ela estava péssima, e dizia às claras que não se interessava pelo ensaio, e sim pelo dinheiro", recorda-se Ana Maria. "Mostrou-se desde o início extremamente *blasée*", completa Ariani.

Experiente, Duran deixou o barco correr. "Nunca me preocupo com o primeiro dia porque a feitura de um ensaio é um processo", ensina. O panorama passou realmente a pesar no segundo dia. "Normalmente levo as coisas para o terreno de *to play*, em inglês, ou seja, brincar, que consiste em a pessoa deixar de ser ela mesma para se transformar em alguma personagem", diz Duran. "Com Alina, porém, essa situação nunca acontecia."

Durante o primeiro encontro no bar, rememora Duran, "parecia tudo excelente, não percebi um sinal do que iria encontrar. Talvez eu fosse mais inocente do que sou hoje". O problema dela, acrescenta, "não foi a nudez, foi que ela não estava lá".

Ariani vai na mesma linha: "Eu tinha certeza de que ia dar certo. Ela não transparecia esse ar pesado que surgiu depois".

Durante as sessões de fotos, Ariani procurava animá-la:

– Está ficando ótimo! Olha que foto linda!

E Alina, próxima ao descaso:

– *Sí*...

Ana Maria rememora que Duran provocava, brincava, sugeria:

– *¡Rite un poco!* ("Ria um pouco!")

E Alina:

– *¿Reír de qué?*

"Na nossa conversa no bar, ela riu bastante", ressalta Duran. "Foi a última vez que a vi rindo." A certa altura, o fotógrafo pediu que todos – Ariani, a assistente, o maquiador – saíssem e conversou a sós com Alina. As coisas estavam indo bem, ela apareceria bem nas fotos, havia harmonia na equipe, não se divisavam problemas à vista – mas era necessário ter um ar mais entusiástico, um olhar mais insinuante. Era preciso sorrir.

– *No río jamás* – alegou Alina, contra todas as evidências testemunhadas anteriormente por Werneck, Ariani, Ana e o próprio fotógrafo – e também por mim, quando fui a Madri tratar com ela.

"Sem algo que crie uma empatia com o leitor da revista", explicaria Duran, "um ensaio de nu não funciona. É preciso um olhar interessante e pelo menos um meio sorriso. Pode ser uma Gioconda. No caso de Alina, no começo tudo parecia ótimo, mas acabou se tornando um pesadelo." Ariani não se esquece: "Ela tinha uma tristeza permanente nos olhos, uma mágoa constante. E não dizia 'estou insatisfeita', mas 'sou uma pessoa insatisfeita'".

Com dois dias e meio de sessões de fotos, dos três programados, Duran declarou o trabalho terminado. Clicara cerca de trinta rolos de 36 fotos cada um, em cromos (slides). Ana e Andrea aproveitaram a folga imprevista para conhecer as catacumbas cristãs nos arredores da cidade. Ariani começou a arrumação de toda a vasta bagagem. A equipe voltaria na noite do quarto dia, em voo para São Paulo.

No tempo restante, Alina animou-se a acompanhar Ana e Andrea e conhecer o Vaticano. Ariani, que estivera anteriormente em Roma a passeio e a trabalho, preferiu caminhar um pouco pela esplêndida vizinhança do hotel e comprar, para dar de presente, garrafas de *limoncello*, licor de limão típico do Sul da Itália. Feitas as despedidas, ela preocupava-se com o que os rolos de filmes mostrariam.

Não sem razão. Em São Paulo, o próprio Duran não escondia o desapontamento quando levou uma seleção de fotos já reveladas à redação, no 15º andar do moderno e imponente Edifício Abril, na marginal do Pinheiros. Trazendo o selo de qualidade de Duran, elas estavam impecáveis: a luz, os enquadramentos, as poses, os ângulos, os fundos, as cores.

Para quem eventualmente se preocupava com as formas de Alina, não havia maiores problemas: as fotos exibiam uma mulher madura, mas dotada de encantos, com seios firmes e pernas bonitas. A expressão da filha de Fidel, porém, configurava um anticlímax: rosto sério, quando não fechado, ar indiferente ou mesmo contrafeito. Em centenas de slides, nem um mísero sinal de felicidade a iluminá-la.

Depois de muito ver e rever as fotos, discuti-las com o próprio Duran e com nosso campeoníssimo diretor de arte Carlos Grassetti – profissional extremamente meticuloso e exigente –, pensar e repensar, levei-as a Thomaz Souto Corrêa com meu veredicto: daquele jeito, eu não queria publicar.

Explicaríamos a Alina as razões, procederíamos a um distrato, pagaríamos uma multa, mas o leitor de *Playboy* não veria uma mulher tristonha e sem luz nos olhos. Thomaz chegou a hesitar, diante do tamanho do furo em alguma medida jornalístico que tínhamos em mãos, mas concordou. Grassetti também, e igualmente Marcos Emílio Gomes, jornalista de grande quilate que me acompanhara em diferentes redações e, àquela altura, trocara o posto de editor especial com Werneck e assumira como redator-chefe. Duran, no final das contas o autor das fotos, aprovou integralmente a decisão.

O diretor das revistas masculinas entendeu minhas razões e passamos ao distrato, que não representou grandes dificuldades, exceto uma sangria nos cofres da Editora Abril de aproximadamente 11% do valor do contrato e um indisfarçável dissabor de Nicolino. Ana Maria e eu conversamos várias vezes com Alina por telefone, trocamos um bom número de mensagens de fax e acertaram-se os detalhes.

Os papéis seguiram por correio expresso e voltaram assinados. Cumprida a burocracia do Banco Central, Alina recebeu a multa e nos enviou um recibo. O processo todo se alongou até abril de 1999. Uma das exigências incluídas no distrato: se qualquer das fotos viesse a ser publicada por uma revista da Abril ou de alguma forma vazasse, deveríamos pagar-lhe o valor integral do acordo.

Não houve, porém, esse perigo. Duran, naturalmente envolvido no processo de discussão sobre a não publicação, concordara com minha decisão e me trouxe todos os rolos de filmes, incluindo os cromos inaproveitáveis. Com a Abril de posse do recibo de quitação, certo dia esperei a redação esvaziar-se e, na mesma noite, com uma tesoura e muita pena, dediquei-me a picar, um por um, os rolos de filmes e as fotos. Gastei meia hora e ganhei dedos doloridos.

Finalmente, tomei o cuidado de recolher os pedacinhos, também um a um, num envelope, levá-los para casa e jogá-los no lixo doméstico. Tudo terminado – quase quatro anos de esforços literalmente jogados no lixo –, julguei cumprido meu dever para com a qualidade da revista e para com o leitor. Alina, por seu turno, declarou-se aliviada. Em carta pessoal posteriormente enviada a Ana Maria, e que Ana teve a gentileza de me mostrar, escreveu: "Como ya sabes, esta operación abortada casi me satisface más que si hubiera sido todo un éxito".

Alina, posteriormente, regressou da Espanha aos Estados Unidos, onde seu livro autobiográfico foi traduzido como *Castro's daughter: An exile's memoir of Cuba* e publicado em 1998 pelo selo St. Martin's Griffin, da Macmillan. Escreveu um segundo livro, igualmente publicado nos Estados Unidos, mas em espanhol: este é sobre anorexia, em parceria com uma pesquisadora quase homônima, Aliana Fernández, *Uma hoja de alface – Anorexia, una enfermedad* (editora Plaza y James, 2002).

Posteriormente, passou a viver próximo a Miami e ancorar um talk show de rádio, diário e noturno, na emissora WQGA-1140 AM, e a escrever a cada dois domingos artigos – em geral, mas não exclusivamente – sobre assuntos cubanos no jornal *The Miami Herald*. Falei com ela anos depois. Contou-me de sua separação de Jaime, que vive distante dela, em Barcelona, mas continuavam muito próximos e amigos.

A filha, Mumín, nascida em 1979, naturalizou-se cidadã norte-americana numa solenidade em Miami Beach, em 2004, e sempre procurou manter sua privacidade sob um espesso muro de silêncio, recusando-se a falar com jornalistas em qualquer circunstância.

Leal a um pedido meu, Duran guardou absoluto segredo sobre esse assunto durante mais de dez anos. Quando fui convidado a escrever um texto a respeito do caso todo para a extinta revista *Alfa*, em 2010, voltamos ao tema e perguntei-lhe se Alina fora a mulher mais travada que já fotografara.

Ele respondeu:

– Foi a única. E foi a única matéria minha que não saiu.

Pois deixe-me surpreender Duran, e provavelmente minha ex-equipe, e também quem leu esta história até aqui: se pudesse voltar no tempo, a matéria teria, sim, saído. Levei anos para chegar a essa conclusão, mas me arrependi da decisão tomada em 1998.

Hoje, considero que agi com rigidez excessiva em relação aos parâmetros de qualidade que exigia da revista e, com isso, dei um tiro no pé. O ar sisudo de Alina não tirava a beleza das fotos, nem prejudicava a revelação de seu corpo e muito menos impediria a edição de *Playboy* de ser um furor, com a filha de Fidel Castro, nua, no esplendor de uma suíte de um hotel de luxo em Roma.

Agora, porém, em todos os sentidos, é tarde demais. E não existe uma foto, uma única foto, para mostrar como poderia ter sido.

O Rei do Futebol e as fotos da Rainha dos Baixinhos

De repente, ali estava ele: o sorriso planetariamente conhecido, o topete típico, inimitável, metido dentro de um estranho traje entre o terno e um conjunto esportivo, com calças e uma espécie de paletó ou casaco sem gola do mesmo material: couro macio azul.

No mais, uma camiseta cinza-claro também sem gola, sapatos pretos reluzentes, um relógio vistoso no pulso esquerdo.

O Rei, o Atleta do Século, o mago, o mito.

O homem mais famoso do mundo, Pelé, acabara de chegar a uma sala no sexto andar da, na época, sede da Editora Abril na marginal do Tietê, em São Paulo, em uma tarde de um dia de determinado mês, provavelmente maio de 1985.

Naquele edifício era comuníssimo, fazia parte do dia a dia, o entra e sai de celebridades de todos os calibres – governantes, inclusive presidentes, líderes políticos, ídolos do esporte, estrelas da TV e da música popular, modelos de sucesso –, para realizar visitas de cortesia, conceder entrevistas, tirar fotos ou almoçar com jornalistas ou diretores da empresa no restaurante do chamado Roof, um espaço ajardinado situado na cobertura que incluía um heliporto.

Mesmo assim, tratava-se de Pelé, e sua chegada provocou grande alvoroço. Corre-corre na chegada, gritinhos, pedidos de autógrafo, uma atmosfera que incluiu até as secretárias, algumas venerandas, do sexto andar – o andar abaixo do da redação de *Veja* e onde se instalava a diretoria –, cuja numeração ordinal designava, na gíria interna da Abril, o poder na empresa: "O sexto andar vai gostar dessa capa", dizia-se, ou "O sexto andar ainda não se decidiu pelo lançamento da revista tal". E por aí vai.

Pelé abrira espaço na sua movimentadíssima, quase inverossímil agenda para uma missão de caráter pessoal: recolher, ele mesmo, todos os cromos (slides) e negativos de todas as fotos em que Maria da Graça Meneghel, a Xuxa, namorada do Rei desde 1981, aparecera nua nas páginas de *Playboy*. Xuxa, àquela altura, havia ultrapassado de longe a categoria de estrelinha em busca de popularidade, que exibia o corpo no Carnaval e surgia seminua ou despida em revistas, e se consolidava havia dois anos na TV como a apresentadora de programas infantis que se tornaria a "Rainha dos Baixinhos".

Preocupada com sua nova imagem, Xuxa, que posara nua em cinco oportunidades para uma concorrente de *Playboy* de circulação menor, a extinta *EleEla*, da Bloch Editores, não queria deixar rastros dessa fase de sua vida. Pelo que entendi da conversa, as fotos da revista dos Bloch já haviam retornado a suas mãos, uma vez que ela era a grande atração da também àquela altura extinta Rede Manchete de Televisão, do mesmo grupo. (Xuxa iria se transferir no ano seguinte, 1986, para a Globo. No mesmo ano terminaria seu longo caso com Pelé.)

A apresentadora ainda tomaria medidas polêmicas nessa refeitura de imagem, que incluíram a apreensão, graças a uma medida judicial, de todas as cópias em vídeo e DVD do filme *Amor estranho amor* (1982), do respeitado cineasta Walter Hugo Khouri, no qual sua personagem não apenas aparecia nua como introduzia um menino de 12 anos no mundo do sexo.

Os advogados de Xuxa argumentaram, com sucesso, que o contrato para o filme não previa versão para vídeo ou DVD. Xuxa viu-se muito criticada, uma vez que, não mais sendo reprisado no cinema, e raríssimas vezes na TV, o filme praticamente desapareceu da história da cultura brasileira.

A reunião na Editora Abril ia na mesma linha de apagar o passado da estrela como símbolo sexual. E Xuxa jogara pesado: enviara ninguém menos que Pelé como seu emissário. A reunião fora acertada entre Pelé e o diretor de redação de *Playboy* na época, o quase legendário Mario Escobar de Andrade, que comandou direta ou indiretamente a revista desde pouco tempo após o lançamento, em 1975, até falecer de forma prematura em 1991, quando, sem deixar de supervisionar a publicação, vinha acumulando outras funções.

Eu era redator-chefe da revista por ocasião da reunião com o Rei – só muito tempo mais tarde, em 1994, depois de trabalhar em diferentes veículos, inclusive fora da Abril, seria convidado a tornar-me diretor de redação de *Playboy*. Naquele 1985, como redator-chefe, supervisionava o trabalho de editores e repórteres, cuidava das reportagens, entrevistas, matérias de serviço e de todo o texto, da primeira à última palavra, mas nada tinha a ver com a contratação das garotas de capa nem com os ensaios de mulheres nuas, atribuição de outros colegas e do diretor de redação.

Mesmo assim Mario, por alguma razão, me quis presente à reunião, talvez como testemunha. As redações das revistas mensais da Abril não mais cabiam no edifício da marginal do Tietê, e a maioria delas, inclusive a de *Playboy*, localizava-se num prédio no bairro paulistano do Brooklin. De lá viemos para o encontro. À nossa espera estava o dr. Edgard de Silvio Faria, um dos diretores da Abril, cujas funções incluíam a área jurídica.

Depois de atravessar com paciência o torvelinho de assédio a que estava inteiramente acostumado havia décadas, o Rei chegou à sala sem assessores ou advogados, acompanhado apenas de seu irmão, Jair Arantes de Nascimento, o Zoca, dois anos mais novo, que funcionava como uma espécie de assessor pessoal. Feitas as apresentações, todos se sentaram e, após alguns minutos de *small talk*, Mario foi à luta.

Sempre cativante e diplomático, como de seu feitio, Mario de Andrade começou elogiando Pelé pelo que representava para o Brasil e por sua simplicidade a despeito da fama, agradecendo o fato de ter vindo pessoalmente à Abril. Disse que a devolução das fotos era uma deferência especial a ele, Pelé, e também uma consideração para com Xuxa.

Nesse meio-tempo, me impressionou o relacionamento de Pelé com o irmão que tentou, sem êxito, ser jogador de futebol profissional pelo mesmo time do Santos. Zoca agia como uma espécie de mordomo de Pelé, que por sua vez se comportava em relação ao irmão como patrão. Se o garçom da Abril servia um café a Pelé, Zoca apressava-se, a um sinal do Atleta do Século, a pingar adoçante na xícara.

Confesso que fiquei um tanto chocado com o servilismo de Zoca, e com a naturalidade com que Pelé o encarava.

Com a passagem dos anos, Zoca também mudara muito fisicamente, em relação à figura do jogador efêmero de que eu me lembrava. Na juventude, embora não fosse parecido com Pelé, tinha a mesma cor e o mesmo tipo de cabelo do irmão. O Zoca à nossa frente, porém, com um bigodinho fininho, pele bem mais clara e cabelos esticados, lembrava um porto-riquenho de filme norte-americano.

Lá pelas tantas na conversa, Mario de Andrade introduziu espertamente um tema: *Playboy* completaria dez anos de existência no mês de agosto daquele ano. Um perfil de Pelé em Nova York – onde ele vivia a maior parte do tempo, como executivo da Warner Communications – seria perfeito para a edição especial planejada.

Pelé não poderia, em troca da gentileza da devolução das fotos (algumas, por contrato, ainda poderiam ser publicadas), atender com especial atenção a um jornalista da publicação, "abrindo" sua vida de maneira mais livre do que costumava fazer com a imprensa?

Pelé topou na hora e Mario, rápido, já indicou quem iria procurá-lo: o editor Nirlando Beirão, que, além de ser um dos melhores jornalistas do país já na época, era (e é) um *gentleman* impecável, diante de cuja inteligência, simpatia e magnetismo pessoal os entrevistados não costumavam resistir.

O dr. Edgard, que pouco interveio durante o encontro porque, experiente, percebeu que as coisas andavam bem, diante do acerto amigável estendeu a Pelé minutas de contrato previamente preparadas para sacramentar a devolução das fotos, pelas quais o Rei se tornou responsável. Mario passou a Pelé um envelope com as fotos de Xuxa.

Não era tanto material como muita gente poderia imaginar. Xuxa, na verdade, protagonizou apenas um único ensaio para *Playboy*, publicado na edição de sétimo aniversário, em agosto de 1982, e ao lado da irmã Maruska. As chamadas de capa falavam em "Segredo de família" e "As fotos que Pelé quase proibiu".

Fotos desse ensaio, algumas inéditas, seriam depois republicadas, em diferentes edições. A última de todas seria um pôster na edição de décimo aniversário, concessão que Mario obteve de Pelé no finzinho da reunião.

O que ocorreria é que *Playboy*, aproveitando a capa com Xuxa e a irmã, acabou explorando o "veio Xuxa" a partir de então. Vieram, em consequência, capas com a atriz Luciana Vendramini (uma das "xuxetes", denominação que precedeu a das "paquitas"), em dezembro de 1987, com Andréa Veiga (paquita), em setembro de 1988, com Regina Meneghel (cunhada de Xuxa), em maio de 1989, com Deborah Meneghel (prima), em outubro de 1989, com Angela Mattos (secretária e irmã de sua então empresária Marlene Mattos), em abril de 1991, e com a também xuxete Shirley Miranda, em julho de 1992. Em minha gestão, fizemos uma capa com a ex-paquita Andréa "Sorvetão", em dezembro de 1995.

A reunião toda entre Pelé, Mario de Andrade e Edgard de Silvio Faria, presenciada por mim e por Zoca, não durou uma hora. Mario, por via das dúvidas, anotou todos os telefones de Pelé para passar a Nirlando.

Feitas as despedidas, Mario e eu, em meio a novo alarido pelos corredores da Abril, acompanhamos Pelé até o térreo, onde um carro com motorista o esperava.

O resultado da negociação, para *Playboy*, seria um perfil espetacular publicado na edição de décimo aniversário, em agosto de 1985, escrito por Nirlando Beirão sob o título "A vida do Rei em Nova York".

Naturalmente a conversa abordou o tema Xuxa. Pelé contou que a conheceu durante uma foto de capa para a falecida revista *Manchete* intitulada "Gaiola de Ouro", abordando a recém-adquirida liberdade do Rei como homem solteiro. Posou com quatro modelos, entre as quais Xuxa e Luiza Brunet. Jogou seu olho comprido em direção a Luiza, convidou-a para ir a um show no Canecão e recebeu um fora: mesmo com 17 anos, a Brunet era casada.

Mais tarde, sairia com Xuxa em um grupo, até que a convidou para uma festa na casa do empresário Alfredo Saad, à qual precisou levar também os pais e o irmão da modelinho, então igualmente com 17 anos.

Aí revelou a Nirlando um segredo até então bem

guardado: Xuxa era virgem nessa época. Pelé não elaborou o assunto, mas deu a entender que só viria a namorá-la de fato tempos depois, quando havia amizade entre os dois e Xuxa se acostumara a procurá-lo, pessoalmente ou por telefone, para conversar e pedir conselhos.

O fato é que a certa altura começou um namoro de celebridades que ocupou manchetes durante anos. Quando Nirlando entrevistou Pelé para o perfil, o casal estava junto havia quase cinco anos. Mesmo assim, com grande naturalidade, Pelé, enquanto Xuxa estava no Brasil, mantinha seu intenso ritmo de relacionamentos breves com outras, com muitas mulheres.

Aquela reunião de 1985 de certa forma repercutiria 11 anos depois. Estando eu já na direção de *Playboy*, conseguimos para a edição de 21º aniversário, em agosto de 1996, uma rara, longa e reveladora entrevista de Xuxa – a segunda que ela concedia à revista. Conferimos a missão ao editor contribuinte Guilherme Cunha Pinto, amigo querido que infelizmente teria, como Mario de Andrade, morte súbita e prematura, antes de a entrevista ir às bancas.

Nessa época já uma celebridade estelar, Xuxa, como não poderia deixar de ser, foi perguntada sobre Pelé. E mostrou-se claramente revoltada com o fato de o Rei haver revelado sua condição de virgem quando se conheceram. Só que ela atribuiu a revelação a uma longa e excelente entrevista que Pelé concedera a Juca Kfouri, o diretor de *Playboy* que me antecedeu, para a edição de agosto de 1993, e não, como de fato ocorreu, ao perfil de autoria de Nirlando Beirão que acabamos de mencionar.

De todo modo, na entrevista de Xuxa a Guilherme Cunha Pinto em 1996 o tema veio à tona, junto com uma avaliação bastante rigorosa da estrela a respeito de seu namorado durante mais de cinco anos.

Confira o trecho abaixo da conversa entre Xuxa e Guilherme Cunha Pinto:

PLAYBOY – Sabe uma impressão que fica? Que uma pessoa comum nunca vai ter chance com você. Pensando nos seus namorados, ou são celebridades, como Pelé e Ayrton Senna, ou modelos de beleza, como esse rapaz. *[Referia-se ao então modelo Luciano Szafir, que tempos mais tarde seria pai de sua filha, Sasha.]* É isso?

XUXA – Não, não é. As coisas simplesmente aconteceram. O encontro com o Pelé foi por acaso, a gente se conheceu numa fotografia que fui fazer. E no caso do Ayrton foi ele que buscou, de todas as maneiras, chegar perto de mim. Eu me apaixonei por duas figuras conhecidas, mas pode pintar qualquer pessoa.

PLAYBOY – A aparência não é importante? Se não for um sujeito bonitão...

XUXA – E tu acha o Pelé bonitão?

PLAYBOY – *[Confuso.]* O Pelé?

XUXA – Na época eu achava ele o máximo! Lindo. Mas já achava e continuo achando o pé dele horrível. O resto eu achava maravilhoso. Entendeu?

PLAYBOY – Você não gosta dos pés do Pelé?

XUXA – São horríveis.

PLAYBOY – Aqueles pés que fizeram…

XUXA – Horríveis. Parecem garras.

PLAYBOY – Aqueles pés ganharam três Copas do Mundo!

XUXA – Uma mulher que gosta de pé não pode olhar para o pé dele.

PLAYBOY – Você deve ser a única pessoa do mundo que não admira os pés do Pelé.

XUXA – Eu dizia para ele: "Se um dia tu arrumar uma

namorada que tenha tara por pé, tu tem de ficar de meia". Você não viu o pé dele. *[Risos.]*

PLAYBOY – Você e o Pelé namoraram durante seis anos, no começo da sua carreira. Agora faz tempo que não se falam?

XUXA – *[Séria.]* Eu não falo mais com ele. Faz tempo, já.

PLAYBOY – Foi por causa da entrevista que ele deu para *Playboy* três anos atrás? *[Nessa entrevista, em meio a diversos outros comentários e afirmações sobre Xuxa, Pelé disse que ela teria revelado ser virgem quando os dois se conheceram, no início da década de 1980. E que a teria aconselhado a "resolver esse problema" antes de se envolver com ele.]*

XUXA – Não. Foi por uma série de coisas que aconteceram.

PLAYBOY – Mas e o que ele falou na entrevista?

XUXA – O Pelé faz parte da minha história e eu faço parte da história dele, mas acho que isso era uma coisa que não deveria ser dita, porque se alguém teria de falar seria eu. Ficou uma coisa grotesca. E, já que ele resolveu falar, que falasse a verdade. Quando a gente se conheceu, ele não sabia que eu era – eu não me apresentava às pessoas e dizia: "Olá, meu nome é Xuxa, eu sou virgem". Eu era virgem, mas ele só foi descobrir depois, quando a gente já estava junto.

PLAYBOY – Você teria dito, depois dessa entrevista do Pelé, que se por acaso se apaixonasse de novo por um rei, não seria um rei tão pequeno como ele. A raiva continua tão grande?

XUXA – Vamos dizer assim: tive momentos bons e ruins com ele. Às vezes, a gente aprende muito mais errando. E eu aprendi muito com ele. Hoje, não poderia ficar com uma pessoa tão pequena.

PLAYBOY – Pequena em que sentido, precisamente?

XUXA – É aqui. *[Apontou a cabeça.]* Saem coisas que, às vezes, não dá para entender. Dá o microfone para ele falar que você vai sentir, vai ouvir. Ele é pequeno. Mas faz parte, fez parte da minha vida. Não posso negar isso, nunca.

PLAYBOY – Numa certa medida ele apresentou o mundo para você, não foi?

XUXA – Ele me apresentou muita coisa. Muita coisa boa, também. Um ponto que o Pelé tinha de legal é que queria me ver crescendo profissionalmente. Mas talvez não soubesse que eu teria tantas oportunidades. Uma vez ele disse para mim: "Nunca queira ser a melhor. Porque é muito difícil ser o primeiro". Quando eu quis sair da *[extinta Rede]* Manchete *[de Televisão]* para ir para a Globo, ele disse: "Não faça isso. Não queira. Você vai ter de provar que é a melhor todo dia". Pois hoje posso dizer que é muito bom ser a melhor. Não gostaria de ser a segunda.

RICARDO SETTI
foi diretor de redação de *Playboy* durante cinco anos – de outubro de 1994 a outubro de 1999 – e, ao longo de sua gestão, a revista alcançou nove das dez maiores vendagens em sua história. Teve carreira movimentada, que incluiu cargos de direção na Editora Abril, no *Jornal do Brasil* e em *O Estado de S. Paulo*. Trabalhou por dez anos em *Veja* entre os anos 1970 e 1980, e voltou em 2010 para manter um blog no site da revista até 2015.

ESPERANDO POR ALICE DE CARLI NO MOTEL

Marcelo Duarte

Assim que chegava à redação, o diretor Mario de Andrade nos bombardeava com recortes de jornais, páginas de revistas e bilhetinhos com rabiscos por vezes indecifráveis. Nesses momentos, um pequeno séquito se dirigia à mesa de sua secretária, a única que parecia ser capaz de traduzir os garranchos de Mario. Recebi a página de classificados de *O Estado de S. Paulo* com um círculo azul em volta de um anúncio de uma agência de acompanhantes. O anúncio oferecia "as mulheres mais famosas de São Paulo, Rio, Sul, Misses, Atrizes, Modelos e... capas de *Playboy*".

Quando me viu na antessala, Mario me chamou. Coçou o cavanhaque grisalho e pediu com sua voz sempre ansiosa: queria desmascarar aquela e outras agências de acompanhantes que usavam o nome de *Playboy*. Pediu que eu fizesse uma reportagem para comprovar que as garotas da nossa revista não faziam programa, ao contrário de revistas da concorrência. E isso me fez ir parar dentro de um quarto do motel Swing, no bairro do Brooklin, na Zona Sul de São Paulo, numa segunda-feira chuvosa, à espera da atriz Alice de Carli. O ano era 1989. Alice apareceu pela primeira vez num encarte de *Playboy* como "Troféu Bumbum 1987". A capa, na verdade, trazia apenas seu bumbum com uma tanga cor-de-rosa.

Aqui, um parêntese: muitas vezes *Playboy* descobria garotas e as inscrevia em concursos para que ganhassem algum título que justificasse depois uma capa. Lembro que, logo ao entrar para a redação, a bela Vanusa Splinder, gaúcha de Esteio e então com 19 anos, faturou o "Concurso Grand Prix". Cheguei até a ser jurado de um desses concursos.

De "Troféu Bumbum" Alice de Carli passou a fazer um quadro no programa humorístico *A praça é nossa*, no SBT, sempre com roupas curtas e justas, e se tornou uma das mulheres mais desejadas do país. Em fevereiro de 1988 a revista publicou uma chamada de capa com "As Mulheres do Ano" e Alice de Carli foi a escolhida para representá-las.

Levei comigo para o motel Swing um envelope com 40 mil cruzados novos. Uma edição de *Playboy* naquela época custava quatro cruzados novos. Seria dinheiro suficiente, portanto, para comprar 10 mil exemplares. Ou seja: para comprar tantos exemplares em dezembro de 2015, mês da última edição de *Playboy* lançada pela Editora Abril, eu desembolsaria 140 mil reais.

Bem, voltemos para o início da história. No mesmo dia em que recebi a missão, liguei para o número da tal agência. Quem atendeu foi Sílvia, que se apresentou como uma das donas do negócio. Para receber informações, teria que deixar o número do meu telefone e ela ligaria em seguida. Foi o que aconteceu:

– Temos cerca de quatrocentas moças, de todos os

tipos – anunciou Sílvia. – São *Garotas do Fantástico, Viva o Gordo*, *Playboy*, *Status* e *EleEla*. Os cachês variam de 4 mil a 60 mil cruzados novos.

O álbum ou uma fita de vídeo com todas elas, explicou Sílvia, poderia ir até a casa do cliente, desde que ele se comprometesse a pagar o táxi de ida e volta do representante. Expliquei que preferia vê-lo no próprio escritório da agência. Ela passou o endereço. Ficava na Galeria Ouro Fino, na famosa rua Augusta, nos Jardins. Os dois elevadores ficavam bem no fundo da galeria. Subi até o segundo andar. Logo à esquerda encontrei a sala 324 – uma grande porta vermelha entreaberta, com apenas uma discreta plaqueta "Sílvia Dumont Modelos" em letras azuis. Era um espaço pequeno, com uma decoração simples e sóbria. Duas mesas e um biombo que tapava a entrada de um minúsculo quartinho. Havia ainda uma escada estreita que levava até o mezanino. Do outro lado da sala, um aparelho da TV 14 polegadas e uma pilha de revistas masculinas.

Dois ou três passos mais para dentro e seis olhos me fulminaram. Interromperam o papo para me atender:

– Conversei com Sílvia agora há pouco e...

– Sou eu – apresentou-se a bonita loira, com cabelos lisos e escorridos até a altura dos ombros, meio rechonchuda, mas elegante num conjunto todo de jeans, inclusive as botas de saltinho.

Arnoldo, um tipo espigado e magricela, indicou uma

das quatro cadeiras, a mais próxima da televisão. Foi buscar os álbuns – três pesadas pastas com folhas plásticas e diversas fotos de mulheres. Hoje essas pastas seriam os chamados "Book Rosa". As desconhecidas apareciam em fotos que lembravam mesmo as grandes – e verdadeiras – agências de modelos. Já as atrizes e modelos famosas eram simplesmente páginas arrancadas de revistas. De *Playboy*, contei 23 mulheres. Nos recortes estavam algumas das mulheres mais cobiçadas daquela época, como Márcia Dornelles, Luciana Quadros, Alice de Carli, Lilian Ramos. Ao lado das fotos havia uma etiqueta com o aviso "Só para desfiles". Mas o próprio Arnoldo tratou de me tranquilizar:

– Isto é para evitar problemas, sabe? Estas garotas precisam preservar a imagem e exigem que coloquemos isto. Mas todas fazem programa. Pode escolher à vontade.

E passou a desfilar a lista de preços. De todas, a mais cara era a mineira Márcia Dornelles, modelo e atriz de olhos verdes, prima do ex-ministro da Fazenda, Francisco Dornelles – 60 mil cruzados novos. Depois de folhear o álbum duas vezes, fiz minha escolha. Alice de Carli, por 40 mil cruzados novos. Senti uma alteração na fisionomia de Arnoldo.

– A Alice está no Rio de Janeiro. Vai ter que vir de lá. Se você quiser para hoje, não vai dar. Será que você não prefere duas gêmeas gaúchas lindíssimas por 30 mil no lugar? Elas estiveram ontem no estúdio com o J.R. Duran e vão aparecer na capa da *Playboy* do próximo mês.

Pobre Arnoldo, não poderia ter inventado uma mentira maior. Ainda tentou impor outras garotas. Diante de minha intransigência, prometeu entrar em contato com Alice de Carli e marcar o encontro para o dia seguinte. Deu um cartão da agência – com o telefone da residência de um cliente chamado Carlos no verso – e pediu que eu ligasse dali a três horas. No horário combinado, Arnoldo não estava no escritório. Falei com Estevam, sócio de Sílvia no negócio. Quando soube qual tinha sido minha escolha, tratou também de tentar me desanimar:

– A Alice de Carli é muito cara, já te avisaram?

Eu disse que "dinheiro não era problema". Estevam garantiu que ela estaria em São Paulo no dia seguinte. Trataria imediatamente de mandar as passagens de ponte aérea para o Rio. Perguntou ainda se iríamos jantar antes ou seria melhor ir direto para o motel.

– Mas o Arnoldo disse que o programa é só de quatro horas...

– Não. São todas moças finas e não vão ficar olhando no relógio. Pode passar a noite inteira com ela, se quiser.

Marcamos o encontro para as 21 horas da terça-feira na própria agência, como sugeriu Estevam. À noite, as lojas estavam fechadas e a galeria ficava praticamente deserta. Só um pequeno vão nas grades permitia a entrada, diante do olhar desconfiado do porteiro noturno.

Enquanto isso, a sala do segundo andar recebia uma

aglomeração de clientes. Dois orientais assistiam, gulosos, ao vídeo – nada mais que a filmagem das fotos dos álbuns. Outro rapaz que estava lá no dia anterior, Joseph, atendia a uma das três linhas telefônicas; Sílvia, dessa vez toda de branco, e outra atendente conversavam com um cliente muito bem alinhado. Ao lado, Francisco, mais um funcionário da casa, tentava convencer um jovem a fazer um programa com duas mulheres ao mesmo tempo por um "preço especial". Estevam ocupava uma das mesas. Vestia uma blusa de linho verde-clara, no mesmo tom das calças. Aparentava estar com pouco mais de 35 anos e usava os cabelos bem curtos. Apresentei-me.

– Ainda bem que você chegou – festejou ele. – A Alice acabou de me ligar. Estava impaciente, querendo saber se você vinha mesmo ou não. Parece que um diretor da *Playboy* ligou para ela e a convidou para jantar esta noite. Eles estão querendo acertar um contato para uma edição especial. Mas garanti que você viria.

Estevam tentou algumas ligações na minha frente e reclamava que só dava ocupado: "Quando ela vem para São Paulo, resolve ligar para todos os amigos e não desgruda do telefone". Depois disse que Alice estava hospedada na casa de uma amiga, Miss Paraná, num flat da avenida Rebouças, perto dali. Eu sabia que Alice de Carli não tinha compromisso com ninguém de *Playboy* – a não ser consigo mesma, bem explicado – e que ela morava em São Paulo, num apartamento no bairro do Ibirapuera.

Pediu para Sílvia continuar tentando o número de Alice no telefone do mezanino. Enquanto isto, ele me mostrou um pôster com uma garota de *EleEla* e perguntou o que eu achava. Dez minutos depois, Sílvia berrou que Alice estava, enfim, na linha. Estevam atendeu e falou o tempo todo em voz bem alta para que eu pudesse escutar:

– A Alice está aí? Não? Mas como! Onde ela foi? Saiu com o pessoal da revista? Que sacanagem. Ela não pode fazer um negócio desses comigo. O cliente está aqui do meu lado, esperando. Com que cara eu vou olhar para ele agora?

Passou o aparelho para mim, dizendo que a Miss Paraná me explicaria o que havia acontecido.

– A Alice precisou sair. Foi jantar com o pessoal da *Playboy* e não disse a hora que vai voltar. Mas se você quiser companhia...

Agradeci a gentil oferta e devolvi o telefone para Estevam. Dessa vez, ele conversou com ela num tom mais confidencial.

– Combinaram alguma coisa? Nada? Huumm... O que você acha, então, de ir amanhã para o Guarujá? Tem um cliente aqui que está precisando de oito garotas. O cachê é bom. Vocês vão andar de iate. É só não se esquecer de levar o biquíni. Conversa com ele – e passou o telefone para o cliente, que era o todo alinhado.

Enquanto isso, fiquei prestando um pouco mais de atenção ao vídeo e notei que havia algumas estrelas que não estavam no álbum, como Magda Cotrofe e Rose Andreazza. No telefone, Joseph oferecia uma noite com Claudia Raia por 70 mil cruzados novos. Já estava claro que os grandes nomes serviam apenas de chamariz. Na hora H, bastava inventar uma desculpa qualquer e oferecer outra garota linda e com cachê menor. Resolvi levar o jogo adiante. Para que eu não "perdesse a viagem", Estevam ofereceu uma modelo chamada Cláudia, que acabara de chegar na agência, tirando a respiração de alguns ali. Por coincidência, ela estava completando 22 anos naquele dia. Francisco, inclusive, foi até uma doceria vizinha comprar um bolo e alguns refrigerantes. Falei que estava interessado apenas em Alice de Carli. Estevam pediu o meu telefone de novo, "caso ela voltasse cedo do jantar com o pessoal da Abril".

– Fica frio. Se você não estiver em casa, falo que é o Estevam da agência de carros. Digo que entrou um carro novo e liguei para saber de seu interesse. Deixo sempre recados assim para os meus clientes.

Dois dias depois, voltei a ligar para a "Sílvia Dumont Modelos" e insisti com Estevam: queria Alice de Carli para a próxima segunda-feira.

– Desta vez, você vai esperá-la no aeroporto. Assim não corremos o risco de ela resolver ir para outro lugar – ele planejou tudo.

No dia D, liguei na hora do almoço. Estevam disse que acabara de ligar para a agência de viagens, onde costumava comprar as passagens para as modelos, e a chegada de Alice estava confirmada.

– Só que ela não quer que você vá esperá-la no aeroporto. Parece que um repórter da *EleEla* estará lá para entrevistá-la. Fiquei sabendo que Alice está vindo com duas amigas, que também saíram na *Playboy*. Vou te fazer uma proposta: que tal sair com a Alice e mais uma das duas? Uma brincadeira a três é mais divertida. Você paga uns 10 mil para a outra. O que você acha?

Os dois nomes que ele citou tinham, de fato, posado para a revista. Repeti que só queria mesmo passar a noite com Alice de Carli. Perguntei onde deveria apanhá-la então.

– Ah, a Alice não quer ser vista por aí, andando com pessoas estranhas, entende? Falei que você é um sujeito simpático, tipo executivo. Mas elas não acreditam. Têm medo de que na hora apareça um japonês baixinho. Já pensou? Ela quer se encontrar com você dentro de um motel. O Swing está bom para você?

Sim, estava. Combinamos o enrolado encontro para as 21 horas. Estevam aconselhou que eu esperasse dentro de uma suíte. Perguntou também se eu precisaria de uma nota fiscal. Explicou que os executivos pedem notas, registrando que se tratava de contratação de moças para feiras, congressos ou desfiles. Quis saber a placa de meu carro e avisou que o pagamento deveria ser feito em dinheiro.

Pouco antes de sair de casa, no entanto, recebi uma nova chamada de Estevam.

– A Alice veio com uma amiga do Rio. Chama-se Noele, é cantora. Está dizendo que a garota não conhece São Paulo e não quer deixá-la sozinha no apartamento. Faz questão que ela vá junto. Você paga um cachezinho a mais e fica com as duas. A Alice encanou com isso e não tem jeito de mudar de ideia. Só vai se a amiga for junto.

Àquela altura, Estevam já começava a embaralhar as mentiras. De manhã, disse que Alice estava com uma moça chamada Márcia e outra chamada Jaqueline. Agora, havia mudado de história. Por que Estevam insistia tanto para que o programa fosse com duas mulheres? Aceitei a oferta para saber a resposta.

Ao chegar ao motel Swing, exatamente às 21 horas, estacionei o carro na suíte 40, bem em frente à saída. Quarenta minutos depois veio o aviso de que a pessoa que eu esperava tinha chegado. A pessoa? Sim, o singular estava correto. Um Passat amarelo, com o adesivo de uma academia de ginástica no vidro de trás, estava estacionado perto da guarita da recepção. Só havia uma mulher no carro. Enquanto me aproximava, ela continuava penteando os longos cabelos loiros. Quando parei ao lado do automóvel, ela desceu o vidro e começou a falar:

– Eu sou a amiga da Alice. Eu vim aqui para te avisar

que ela não virá. Quando estávamos saindo da casa, chegou o namorado dela. Não teve jeito...

Para quem não conhecia São Paulo até algumas horas atrás, Noele parecia ter encontrado o motel com certa facilidade. Estava provado que a mentira tem pernas curtas. Mas, naquele caso, tinha também belas coxas. Noele usava um vestido todo marrom, estava bem maquiada e exalava um perfume suave e cativante. Se tudo isso não convencesse o cliente, Noele tinha no carro um álbum com fotos suas, ao natural.

O truque da "Sílvia Dumont Modelos" estava desvendado: o cliente, instalado no motel, não abriria mão de uma moça tão bonita e por menos da metade do preço da outra.

Telefonei no dia seguinte para Estevam, exigindo explicações.

– O quê?!? Alice não apareceu de novo? Não pode ser, não acredito. Essa menina não trabalha nunca mais para mim. Já furou duas vezes com você. Antes, já tinha aprontado com um diretor da Gradiente. Ele se hospedou no Maksoud e ela não apareceu. Por sorte, arrumei uma garota maravilhosa, Miss Santa Catarina, para o lugar dela.

E não parava de falar:

– Quando a Alice pediu que você não fosse buscá-la no aeroporto, já gelei. Ela tem um amiguinho que trabalha na *Playboy* e dá uma força lá dentro para ela. O rapazinho deve ter ficado na cola e não teve jeito de ela sair. Alice não quer demonstrar que faz esses *freelancers* por aí, entende?

Para terminar a reportagem, visitei outras três agências de acompanhantes que também ofereciam capas de *Playboy* em seus anúncios e fui cruzando as informações. Em uma delas, no bairro de Perdizes, o dono do negócio me disse:

– Sou fotógrafo da *Playboy* e as mulheres que tenho na mão são minhas amigas. Se cair na boca de alguém, vai complicar minha situação. Por isso, eu preciso de sigilo total. Nem é preciso ver o *book*. Posso garantir que as garotas que eu arrumo dispensam qualquer comentário. Compre uma *Playboy* ou uma *EleEla* e diga o que interessa.

Todos usavam o mesmo truque, mas, quando eu dizia estar interessado por capas de *Playboy*, começavam a me desestimular. Numa agência chamada Gigi Modelos:

– Com o dinheiro que você gasta com uma delas, você sai com várias garotas de vinte. Os executivos das grandes empresas preferem se divertir mais vezes e gastar menos. Quanto mais famosa, pior. Você paga pela fama. Na cama, as mais famosas são muito frias.

Em outra agência, instalada na avenida Paulista:

– Olha, eu tenho outras meninas lindas, maravilhosas. Gente de classe, primeiro nível. As garotas famosas só tem nome. Mas não têm papo, não têm diálogo. Parece que estão cumprindo uma obrigação. Vêm, fazem o serviço e depois de três horas dão *tchau tchau*. Nós temos várias garotas de família. Muitas delas ainda moram com o pai e a mãe. Não ficam curtindo noitada.

Quando eu insistia em sair com uma garota de *Playboy*, percebia que todos eles sempre me ofereciam as mesmas quatro: eram moças que posavam para a seção "Panteras, Gatas & Coelhinhas". Apenas uma vez me ofereceram uma que tinha sido destaque com chamada de capa e fotos na praia.

Ao relembrar essa história, procurei por Alice de Carli na internet. Descubro que ela passou uma borracha na carreira artística. Formou-se em direito e especializou-se em causas ambientais. Hoje, Ana Alice de Carli dá aulas em universidades no Rio de Janeiro e já tem dois livros publicados.

Ah, sim, qual foi o fim dessa história? Depois de vinte dias, escrevi o texto, incluindo os nomes das garotas que posaram para *Playboy* e que fariam programa, e entreguei o material diretamente para o Mario de Andrade. Ele disse que leria e me chamaria para conversar. Devolvi o envelope com os 40 mil cruzados novos para a auxiliar financeira da redação. Minha reportagem nunca foi publicada.

MARCELO DUARTE

é jornalista e autor da série de livros O Guia dos Curiosos. Foi redator-chefe de *Playboy* de 1989 a 1990. Uma de suas reportagens para a revista foi publicada na antologia *Um sábado no paraíso do swing* (Panda Books). Apresenta o programa *Você é curioso?*, na Rádio Bandeirantes, e *É Brasil que não acaba mais!*, na BandNews FM.

AQUELA MINHA BOA VIDA DE *PLAYBOY*

Humberto Werneck

Não sou eu quem vai contar a história de uma publicação que, no final da década de 1990 – antes, portanto, que o advento de mídias eletrônicas viesse pôr em choque e em xeque, quando não em chilique, a imprensa convencional –, chegou a tirar mais de 1,2 milhão de exemplares. Falo apenas como jornalista que passou ali oito dos melhores anos de sua vida profissional, e que nunca, antes ou depois, permaneceu por tanto tempo num pouso, mesmo se somadas duas encarnações na redação da *Veja*, a última delas encerrada, convém esclarecer, há mais de trinta anos.

Cheguei à *Playboy* em setembro de 1992, como redator-chefe, levado por Juca Kfouri, comandante impecável daquele barco depois do falecimento, no ano anterior, de Mario Escobar de Andrade, diretor da revista desde que ela surgiu, com o título *Homem*, em 1975. Juca saiu em 1994, e tivemos a partir de então o comando firme e doce de Ricardo Setti, amigo, quase irmão, a cujo lado tive o privilégio de atravessar a maior parte de minha carreira, do *Jornal da Tarde* à *Playboy*, passando pela *Veja*, *IstoÉ* e *Jornal do Brasil*, além da revista *Visão*, da qual, pela mão do Setti, fui colaborador frequente em meus anos de Paris. Sua saída, no final de 1999, abriu espaço para a desfiguração de um projeto editorial vitorioso.

Não foi por falta de alternativas que fiquei por tanto tempo na *Playboy*. Era feliz ali como poucas vezes fui em qualquer outra redação, e essa felicidade tinha a ver com a companheiragem, ainda hoje vicejante, que lá construímos, fundada também na excelência rara de uma equipe em que o tempo de janela dos cabelos grisalhos e o pique juvenil dos cabelos escuros se complementavam.

Na moldura incontornável de uma publicação congenitamente machista, cuidávamos de dar tratamento digno às mulheres que povoavam nossas páginas e, em última análise, pagavam nossos salários. Ali fizemos, também, bom jornalismo, proporcionando a tantos marmanjos, de quebra, uma desculpa para terem nas mãos, numa delas ao menos, uma revista de mulher pelada.

Sim, jornalismo genuíno. Mesmo sabendo que não existe "entrevista definitiva", não era menos o que pretendíamos ao bater na porta de um entrevistado. Em condições ideais, entrevista da *Playboy* não se fazia sem três ou mais rodadas, com intervalos que permitissem avaliar o material já recolhido. Não se saía da redação sem extenso questionário, fruto de muita pesquisa e rico em contribuições nascidas de um mutirão. Assuntos intensivamente tratados na imprensa e em seguida abandonados, qual carcaças de notícias, mereciam retomada em profundidade. Exemplo? Dona Leda Collor, fulminada por um AVC em meio ao furacão que levaria à queda do filho presidente, e depois esquecida pela mídia, por meses, no hospital onde morreria.

***

Era um ótimo emprego, ainda que não correspondesse à ideia que tantos leitores ("vedores"?) faziam da nossa redação, para eles um bordel onde havia até quem se dedicasse a escrever artigos e reportagens. Com o risco de desapontar vossas mentes lascivas, devo dizer que nunca vi por lá uma só mulher pelada. E as vestidas nem sempre faziam boa figura. Eu me lembro de uma que se achava um avião: seu sonho era "pousar" para a *Playboy*.

Não menos constrangedora era a obrigação de pedir aos entrevistados que descrevessem sua "primeira vez", bisbilhotice cuja crueza eventualmente era possível amenizar com alguma gracinha. Indaguei ao Oscar do basquete se a sua primeira encaçapada longe da quadra foi uma cesta de três pontos. O muxoxo com que o cestinha apanhou o rebote me autorizou a imaginar um desses lances livres em que a bola hesita antes de somar um anêmico pontinho.

Mais aperto passei com a desconfiada Carolina Ferraz, incapaz de relaxar. Com dois pés atrás, ela suspeitava que a qualquer momento o insidioso repórter sacaria o assunto da "primeira vez" – e quando percebeu que ele, com sua conversinha sinuosa, finalmente armava o bote, reagiu com irritação: "Ai, que coisa!". Argumentei que a arqueologia erótica era ingrediente indispensável na receita de nossas entrevistas – e cometi a insensatez de afirmar que faria a pergunta até mesmo a um conhecido cardeal: "Dom Fulano, como foi a sua primeira missa?". Não é que funcionou? A indignação da moça virou pasmo, o pasmo virou gargalhada – e no embalo lá fui eu: "Carolina Ferraz, como foi a sua primeira missa?". (Bem normalzinha, sua cambada de *voyeurs*.)

Uma de minhas tarefas era destrinchar o mundaréu de contos eróticos com que nossos compatriotas inundavam a redação, esperançosos de alcançar, se não a glória literária, ao menos uns trocados. Também eu, no começo, punha fé. É hoje, apostava, contemplando o himalaia de prosa lúbrica sobre a mesa, e me agarrava ao caso de editores que um dia viram fulgir ante seus olhos um talento de muitos quilates. Um Hemingway tropical, já pensou? – e me excitava todo, ainda que no sentido não libidinoso do verbo: poderia finalmente servir ao leitor, como respiro entre duas mulheres nuas, uma pitada de ouro em pó literário. Eu próprio faria jus a duas linhas na biografia do gênio que tão certeiramente soubera garimpar na ganga bruta da má ficção.

O diabo sabe para quem aparece. Desculpe-me você aí, que mandou aquele incandescente relato fescenino, por certo autobiográfico, mas dos envelopes que me tocou abrir jamais saltou algo que remotamente lembrasse uma joia literária. Nem mesmo bijuteria.

Certa vez, seis laudas em letra miúda me tiraram o fôlego. Não, nada capaz de provocar uma ereção estética – nem sequer aquela outra, menos sutil, embora o conto pudesse ser descrito como a mais notável compactação que já se fez do *Kama Sutra*. Não consigo imaginar atrevimento carnal que não tivesse sido ali contemplado por Jennifer O'Hara, pseudônimo de Geni alguma coisa.

Foi ao ler o endereço da remetente que bateu o choque: uma pena libertina ali bem ao lado, no predinho gêmeo do meu! Quem seria, ó Céus, minha vizinha erótica? – e passei em revista o mulherio do condomínio. Acabei recorrendo, como quem não quer nada, à onisciência mexeriqueira do zelador, para chegar à dona Geni do térreo, rechonchuda e merencória criatura já nos seus sessenta e muitos, às voltas com dois sobrinhos metaleiros que lhe coube criar. "Vive no aperto", sussurrou o zelador, referindo-se a finanças.

Ao vê-la entrar, resfolegante, com suas compras de supermercado e suas meias para varizes, eu me perguntava, e ainda não me respondo, o que estaria por detrás do x-tudo literossexual de Jennifer O'Hara, se um rasgo de imaginação ou um esforço de memória.

***

Era sábado e estávamos os dois na redação vazia da *Playboy*, cada qual pelejando com sua matéria. Esparramado na cadeira, Guilherme roía o que lhe restava de unhas, levantava-se, andava de um lado para outro com aquele passo que era uma de suas marcas, os pés para dentro, as mãos nos bolsos, folheava um jornal velho, suspirava. Lá pelas tantas me comunicou que era um fracasso. A desolação em seus olhos verdes, ligeiramente circunflexos, deixava claro que Guilherme não fazia charme, não pedia agrado, e nem foi para agradá-lo que me pus a enumerar os textos esplêndidos que ele havia assinado ali mesmo na *Playboy*. Aí me veio com esta:

– Meu texto é melhor que eu.

A frase me fez rir, devolveu a alegria a meu amigo e poderia render uma discussão sobre quem era melhor, Guilherme Cunha Pinto ou o texto de Guilherme Cunha Pinto. Os que foram apenas leitores desse jornalista tão especial, morto já faz tempo, em julho de 1996, aos 47 anos, não teriam problema em escolher as matérias, de preferência aquelas três dezenas de reportagens e entrevistas que, lidas ainda quentes nas telinhas da redação da *Playboy* ou relidas agora, sempre me encheram de inveja benigna.

Inveja, por exemplo, da mão leve com que ele ia buscar e punha em palavras as coisas mais incorpóreas e delicadas. Não era com ele, definitivamente, a simplificação grosseira que o jornalismo tantas vezes se concede, com a desculpa dos espaços e horários curtos, e que acaba fazendo do mundo algo chapado, previsível, sem graça. Guilherme não aceitava ser um mero recolhedor de aspas, nem sair à rua para ajustar os fatos a uma pauta. Tinha a capacidade infelizmente rara de se deixar tocar pelas coisas e pessoas sobre as quais ia escrever, sem ideias prontas nem pé-atrás. Pois gostava de coisas e de pessoas, e permitia que elas o surpreendessem. Olhava-as com amorosa curiosidade – donde os detalhes que faziam o encanto singular de suas matérias. O personagem mais batido se desdobrava em ângulos inéditos quando o repórter era ele. Com suavidade, descia ao fundo da alma de seus entrevistados, sem jamais pendurá-los no pau de arara do jornalismo inquisitorial. Se alguém sofria, era ele, dizimando as unhas na busca da perfeição tantas vezes alcançada.

Seu talento já era evidente no garoto de 19 anos que em 1968 foi pedir emprego no então vanguardista *Jornal da Tarde*. Ganhou também um apelido vitalício, Jovem Gui, pois havia lá outro Guilherme, o Duncan de Miranda. Vidrado em futebol, entrou na profissão pela porta da editoria de Esportes. Pulou depois para Variedades, onde, violino afiado, deu forma a textos memoráveis e produziu um título desde então citado e recitado nas redações paulistanas: "Picasso morreu, se é que Picasso morre".

Houve um momento em que, enfastiado, o meio-campista pendurou a máquina de escrever e foi tentar carreira de profissional nas terceiras divisões da Bélgica e da Suíça. Meses depois estava de volta às pretinhas – como então se dizia, numa alusão à cor das teclas da máquina –, retomando o fio de uma carreira que o faria passar por publicações graúdas, como a *Veja* e *O Estado de S. Paulo*, mas também por outras que, embora miúdas e de vida curta, ajudaram nosso jornalismo a renovar-se, como a revista *Bondinho*. Fez também televisão. E o escritor que havia nele ganhou voz na década de 1980, quando começou a publicar livros de literatura infantojuvenil, entre eles *O céu é um espelho lá longe*.

Seus últimos tempos foram vividos na *Playboy*, que teve o privilégio de tê-lo como editor contribuinte a partir de maio de 1993. Também para ele essa temporada parece ter sido um belo arremate. Tinha se mudado com a família para Monte Azul, no interior paulista, e era lá que reescrevia e fechava matérias. Volta e meia a gente o convocava para tarefas mais exigentes, e bastava vê-lo entrar na redação, discreto e sorridente, com aquela estampa que encantava as mulheres e que nos homens provocava uma inveja nem sempre benigna, para sentir como a vida nova lhe fazia bem – assim como aos colegas sempre fez um grande bem o convívio com essa inesquecível criatura, melhor ainda, acredite, do que um texto do Guilherme Cunha Pinto.

HUMBERTO WERNECK

é jornalista e escritor. Trabalhou no *Jornal da Tarde*, *Veja*, *IstoÉ*, *Jornal do Brasil* e, de 1992 a 2000, na *Playboy*. É cronista de *O Estado de S. Paulo* desde 2010. Publicou, entre outros livros, *O desatino da rapaziada*, *O Santo Sujo – A vida de Jayme Ovalle* e as coletâneas de crônicas *O espalhador de passarinhos*, *Esse inferno vai acabar* e *Sonhos rebobinados*.

ADRIANE GALISTEU, A GRÉCIA E A LÂMINA DE BARBEAR

J.R. Duran

Foi em janeiro de 1980 que publiquei minha primeira capa para a revista *Playboy*. Nunca tinha fotografado uma mulher nua na minha vida, mas alguns meses antes, armado com a cara e a coragem (e um portfólio de fotos de modelos vestidas), tinha feito uma visita a Carlos Grassetti, o diretor de arte da revista que fazia a ponte com os melhores fotógrafos e ilustradores do planeta. Até hoje não sei o que ele viu em mim, além de minha tremenda cara de pau, mas foi por causa dele que tudo começou. Até 2010 cheguei a contabilizar, depois perdi a noção, 243 ensaios para a revista. Fui o que se pode chamar de um verdadeiro *freelancer* fiel.

A *Playboy* no Brasil teve uma vida ondulante, mas passou por dois momentos esplendorosos. O primeiro deles foi sob a direção de Mario de Andrade. Naquela época, década de 1980, a revista já espelhava, além das belas mulheres, a fina flor dos textos e a *joie de vivre* dos *bons vivants* do Brasil. As reuniões de pauta eram na casa do Mario, em São Paulo, e juntava, além dos jornalistas da redação, gente como Walter Clark, Washington Olivetto, David Drew Zingg e Juca Kfouri (mais tarde um dos diretores) e outras figurinhas que traziam as novidades das melhores coisas da vida em primeira mão. Lembro-me da tarde em que alguém mencionou um amigo que pescava tubarões, em mar aberto, com o Piazzola. Mario não teve dúvidas e um par de meses depois a matéria com Astor Pantaleón Piazzolla, um furo mundial, estava estampada na revista.

Foi, porém, com a direção de Ricardo Setti que as vendas subiram a patamares estratosféricos. Nunca antes, na história deste país, nem sequer imaginados. Nos ensaios tudo era possível em nome do bom gosto. Setti, generoso e gentil, empurrava meus devaneios como vento nas velas, além de me dar completa liberdade. Era o jogo do "e se?". Fotografar Paula Burlamaqui; e se fôssemos para Aspen? Um ensaio com a Feiticeira; e se fôssemos para Istambul?! Danielle Winits? Las Vegas. A nova loira do Tchan; que tal Havaí? Eu tinha uma pilha de revistas de viagem para poder dar sugestões originais de lugares (que eu não conhecesse, claro) que nos pudessem servir como cenário das fotos.

No ranking de vendas da revista (e a *Playboy*, você sabe, tem ranking para tudo: cachaças, vinhos, champanhes, motéis) posso dizer que nove entre as dez mais vendidas foram minhas. A Feiticeira (com e sem véu), a Tiazinha (com e sem máscara), Adriane Galisteu, Scheila Carvalho & Sheila Mello (juntas e separadas) e Carla Perez. Só estes seis personagens venderam o total de, atenção, 8.271.344 exemplares, número que me deixa a certeza do dever cumprido.

De todos eles, o meu ensaio de número 107 foi o que gerou mais polêmica. A estrela da edição de vigésimo aniversário da *Playboy*, em agosto de 1995, foi Adriane Galisteu, a última namorada do tricampeão mundial de Fórmula 1, o brasileiro Ayrton Senna, morto num acidente no autódromo de Ímola, na Itália, no ano anterior. Viajei com a editora Ariani Carneiro, a assistente de fotografia Sandra Jeha, a produtora Florise Oliveira, o cabeleireiro Marco Antonio de Biaggi e o maquiador Kaká Moraes para a ilha de Santorini, na Grécia. No grupo estava também Cristina Moreira, agente de Adriane na época.

Levava minhas ideias sempre anotadas num caderninho. Fotografei Adriane passando roupa de sandálias brancas de salto alto; tomando banho numa bacia ao ar livre; deitada nua numa das cúpulas do hotel Heliotopos, onde estávamos hospedados; bebendo leite num pires; deitada no convés de um iate que alugamos. Os pressupostos dos ensaios de nu são quase sempre os mesmos. O diferencial é a sensação de intimidade que as fotos possam produzir.

Por isso, no penúltimo dia de trabalho, propus algo "extremamente íntimo": queria fotografá-la depilando o púbis, com um barbeador de lâminas.

– Nem pensar! – fechou o tempo Adriane.

Não insisti. Joguei uma isca, como se estivesse convencido:

– OK, sem problemas. Então eu deixo essa foto para fazer em outro trabalho, com outra modelo.

No dia seguinte, Adriane se aproximou e me disse:

– Olha, Duran, pensei bastante e aquela ideia da depilação pode ser legal.

A foto foi feita numa sala cheia de quadros do badalado Hotel Tsitouras e se tornaria um marco na história da revista, que teve como título de capa: "A deusa loura na Grécia". Adriane estava num sofá de couro branco. Estava de salto alto, blusa de seda azul, faixa branca nos cabelos louros, um anel de ouro e pedra preciosa no dedo mínimo esquerdo, naturalmente sem roupa íntima, com espuma de barbear sobre o púbis e um barbeador na mão direita. A edição vendeu mais de 1 milhão de exemplares, recorde absoluto até então.

Repetir a mesma foto no ensaio de 32 páginas da edição de 36º aniversário da *Playboy*, em 2011, aconteceu meio sem querer. Recebi pelo celular a mensagem de um de meus seguidores no Twitter perguntando se iria fazer a mesma cena outra vez. Aí fui conversar com a Adriane, mostrei a mensagem a ela e propus que sim, fizéssemos a foto. Dessa vez, a resposta veio rápida:

– Claro, claro, Duran. Vamos, sim.

Acabamos rindo ao constatar que nós dois éramos as únicas pessoas que poderiam reeditar essa foto. Foi como uma espécie de homenagem ao primeiro ensaio.

Estávamos na Costa Amalfitana, na Itália. Por acaso, achamos uma casa espetacular: o Palazzo Santa Croce, descrito assim por Ricardo Setti em seu blog quando se lembrou dessa história: "O Palazzo teria sido residência de algum dignitário da Igreja séculos antes, fora inteiramente restaurada pelo atual proprietário e quedava, majestoso e barroco, fincado num promontório rochoso de Positano, com uma vista de tirar o fôlego para o azul do mar Tirreno".

A casa era realmente magnífica. O Marco Antônio de Biaggi, que fez parte da equipe que produziu o ensaio de Adriane em 1995, tinha encontrado, de forma inteiramente casual, com um grupo de amigos em Capri. Um deles mencionou a luxuosa mansão em Positano, e a equipe da *Playboy* acabou alugando a casa como locação.

Encontrei um canto com uma luz incrível e achei que era o local para fazer a foto. Estava um clima fantástico, havia luz, cores – então, pumba! Foi praticamente a mesma cena de 1995. Adriane, tal como da primeira vez, não estava totalmente nua, mas usava uma camisa em tons de azul e joias – colares, pulseiras, anéis, um relógio. Não há a faixa branca nos cabelos da primeira foto. O ângulo da foto é diferente da anterior – Adriane dispõe as pernas mais abertas, situa-se mais de frente para o leitor, com a espuma de barba espalhada por todo o púbis, e o olhar concentrado ali.

***

Apenas uma matéria, das que fiz durante todos esses anos, não foi publicada: as fotos de Alina Fernández Revuelta, uma das filhas de Fidel Castro, e que foram feitas em Roma. Isso mesmo, a filha *del* Comandante Fidel. Foram alugados vários apartamentos em um andar do Hotel Excelsior, na Via Veneto, o mesmo do *La dolce vita*, de Fellini. Foi a mais secreta das missões fotográficas da *Playboy* em que já embarquei. Na hora da verdade, Alina se despiu, mas não quis sorrir. Algumas semanas depois o trato foi desfeito, os negativos, devolvidos, e a versão completa da aventura só foi dada pelo Setti 12 anos depois.

Com o tempo, os caminhos da *Playboy* e os meus foram se distanciando. Mas a revista ajudou a projetar meu nome de maneira que pudesse me afirmar em outras áreas: expandir o estúdio de fotografia publicitária, de moda, escrever livros, editar revistas. Um mundo que se tornou mais atraente, para mim, do que as pautas oferecidas pela revista que, aos poucos, foi perdendo seu brilho.

Em dezembro de 2015, a *Playboy* deixou de ser publicada pela Editora Abril e continua, agora, sua trajetória pelas mãos de outra editora. E eu, depois de 35 anos como colaborador dela, só posso dizer uma coisa para vocês: "Meninos, eu vi!".

J.R. DURAN

é fotógrafo e editor da *Revista Nacional*. Sua primeira capa de *Playboy* foi publicada em 1980, tendo colaborado com a revista durante 35 anos. Tem seis livros de fotografia publicados e *Cidade sem sombras* (Saraiva) é seu terceiro romance que encerra a trilogia iniciada com *Lisboa* e *Santos*. Publicou também *Cadernos de viagem*.

ENVIADO ESPECIAL AO PARAÍSO

Nirlando Beirão

A melhor coisa de trabalhar na *Playboy*, ou uma das melhores delas, era conviver com a fantasia safada que os amigos tinham sobre como era trabalhar na *Playboy*. Imaginavam eles uma redação que dispusesse de sofás aveludados como os de um bordel da *Belle Époque*, quem sabe com direito a ofurô e a massagem corporal tailandesa, e que ali travávamos – como dizer? – contato com as candidatas ao estrelato, dispostas a exibir de imediato, sem o menor constrangimento, as suas credenciais para o *centerfold*. Messalinas lambuzadas de óleo ansiosas por saciarem os desejos carnais, como aquelas devassas das novelas bíblicas da Record.

Sinto decepcionar – mas, com exceção talvez dos momentos em que aparecia por lá a Nana Gouveia, não era bem assim a realidade dos fatos.

Eu, pessoalmente, nunca consegui entender direito a lógica erótica daquelas moçoilas convidadas a engatinhar nas páginas centrais da revista, como se estivessem prestes a se projetar, com salto agulha e pouca lingerie, dali do chão, com impulsão felina, direto para o colo esfomeado do leitor. Parecia-me uma pose meio embaraçosa, de duvidoso efeito libidinal, mas assim rezava a cartilha *PB* do desejo – e as produtoras da revista sabiam direitinho como empacotar para presente a fantasia masculina em forma de mulher.

"Divas", "deusas", "gatas", a gente as chamava assim, quase sempre com constrangedor exagero ("coelhinhas", as *bunnies*, à moda da *Playboy* matriarca, era reservado a princípio para as lolitas promissoras mas ainda desconhecidas). Pouco tenho a contar sobre elas, embora os amigos, com aquela piscadela de malícia, sempre insistissem que eu não estaria por lá senão para ter um *approach* muito privativo e pessoal com nossas *cover girls*.

Lembro-me, sim, de ter participado, muito secundariamente, do esforço de demover Maitê Proença de usar como *set* para seu esperado ensaio fotográfico o Sri Lanka ou o deserto do Burundi, tipo isso. Foi em meados da década de 1990, para uma daquelas edições de aniversário cheias de pontos de exclamação na capa.

Invocando o sobrenome *meridionale* que ela não costuma usar – Gallo – e as emanações literárias da Sicília, no momento em que Maitê começava a incursionar pelo conto e pelo romance, a revista conseguiu convencê-la a posar entre os *contadini* de uma daquelas aldeias rústicas dignas de romance de Leonardo Sciascia e de Giovanni Verga. O ensaio de Bob Wolfenson, em delicado preto e branco, é de antologia. Uma Maitê risonha e serelepe descontraía-se em nudeza total ao lado das *nonne* de preto fechado e os *zii* com cara de mafiosos – um luxo.

Em outro ensaio impossível de esquecer, o primeiro da Adriane Galisteu, na ilha grega de Mikonos, em 1995 – que passaria para a posteridade por "aquela foto da gilete" –, o máximo que fiz foi emprestar meu apartamento em Higienópolis para o encontro sigiloso – quase escrevi "íntimo", mas não foi nada disso, comadre Márcia – entre a cobiçada ex-namorada de Ayrton Senna e o diretor de redação, Ricardo Setti. Eu havia editado o livro de Adriane quando ainda estava na *Caras* e tenho por ela admiração e respeito. O esplendoroso resultado do encontro das lentes de J.R. Duran com aquele céu de azul filtrado do mar Egeu balizou para a nossa corajosa garota da capa o rito de passagem que deixava para trás o ciclo "automobilístico" e anunciava a estrela de televisão, teatro e cinema que ela viria a ser.

Ah, já ia me esquecendo: antes disso, lá pela década de 1980, entre a primeira e a segunda das minhas três encarnações na *Playboy*, recebi do então redator-chefe Alexandre Machado um telefonema propondo o "frila" dos sonhos. Eu teria de acompanhar um ensaio com a Xuxa Meneghel. Assistir a tudo, quietinho, à distância, bem-comportado; a notícia ruim é que depois teria de arrancar dela duas ou três frases que justificassem o tema da matéria.

Tema, aliás, que era uma obra-prima do contorcionismo jornalístico. Xuxa já tinha mordido, por mérito próprio e com a mãozinha, digamos assim, do Pelé, seu naco de celebridade e, estrela da TV, dificilmente tiraria a roupa – toda ou quase toda – para a *Playboy*, mais uma vez. O truque era dissimular as piores (melhores) intenções como se fossem um ensaio de moda, em torno dos *looks* do estilista Markito. Um ensaio no qual, em vez de vestir-se, ela fosse progressivamente tirando a roupa. No estúdio, uma moto potente incrementava a alegoria. A rainha a montou, coreografada por um daqueles gigantescos tubos de vento que faziam seus cabelos esvoaçarem como se ela própria fosse alçar voo. Foi bonito. Homem do detalhe, reparei nas penugens juvenis das pernas dela. Foi o que mais me chamou a atenção – juro. E fiquei intrigado quando o outro privilegiado e silencioso espectador do ensaio, um rapagão ao estilo "músculo e bigode" cuja presença ali eu não conseguira decifrar, avançou em direção à devastadora loura tão logo se ouviu o último clique. Cheguei a imaginar um assédio tórrido, viril, um amasso (é, falava-se "amasso") de provocar faísca. Não, o dito-cujo passou velozmente pela loira e foi acariciar a vigorosa moto, checando se estava tudo bem com ela. Era o dono da máquina.

(Preciso lembrar até o fim dessas mal traçadas outro episódio que envolve a Xuxa – e o Pelé.)

Mas o que de melhor me ficou na memória das minhas três vilegiaturas na *Playboy*, nas décadas de 1980 e 1990, foi uma coisa que anda em desuso ultimamente:

jornalismo. Um *blend* de prazer e rigor. Isso, então, prazer com rigor, virou relíquia de museu – fórmula impossível de ser entendida pelas redações que militam por aí, essa meninada sombria de gravatinha fina e de fé calvinista, para quem o humor atenta contra o dever sagrado de infernizar o poder e infelicitar o leitor.

Não me tomem como profissional da nostalgia, mas a *Playboy* foi, sim, a experiência de um jornalismo que não volta mais. Fomos privilegiados, eu sei. Sob o comando de Mario Escobar de Andrade, de Juca Kfouri (por algum tempo) e de Ricardo Setti, para quem as boas coisas da vida – como definiu, certa vez, o cronista Rubem Braga, referindo-se à própria *Playboy*, aliás, para meu supremo envaidecimento, a um texto meu – não eram incompatíveis com as responsabilidades da cidadania, tornei-me uma espécie de *reporter at large* do desejo, plantonista da fantasia, enviado especial ao paraíso. Custava dinheiro, mas a Ana Moreno pagava sem reclamar e o leitor, suponho eu, gostava.

Passei dez dias em um luxuoso resort em Saint-Barth, no Caribe, seguindo a pauta sugerida por um notável *habitué* dessa ilha francesa, o publicitário Washington Olivetto. Saint-Barthélemy – é seu nome oficial – mistura o pedigree requintado da pátria-mãe com a liberdade selvagem daqueles mares de antigos corsários. Liberdade é uma palavra bem apropriada para um lugar onde as pessoas tiram tranquilamente a roupa – toda a roupa – numa praia como a de Gouverneur sem que ninguém ali esteja interessado em se ver participando de algum culto tribal aos moldes de uma convencional "praia de nudismo". Tiram a roupa, e pronto. Estão lá as meninotas em flor, deliciosamente rosadinhas, mas, olha lá, mais além, aquele casal de meia-idade que eu apostaria ter vindo de Chicago, Michigan – ela, arejando-se enquanto lê Philip Roth, ele, acessórios varonis ao sol e ao vento, repassando pachorrentamente as páginas do *Financial Times*.

Houve um momento em que eu – por recato, sei lá – me permiti no máximo um topless, quando percebi aflorar lá na ponta da praia uma dupla de *teenagers* visivelmente interessada em desfrutar não do cenário natural, e sim da paisagem humana. Os dois mocetões vieram caminhando pela areia, movimentando a cabeça em agitação ansiosa, os olhos dardejando em busca de uma possível presa ou, pelo menos, de um descuido anatômico. Totalmente deslocados, os dois, naquele ambiente de naturalidade relaxada e respeitosa. Pela *body language* dos caçadores desajustados, arrisquei: "ai, que vergonha, brasileiros!". Ao passarem por mim, agucei os ouvidos. Não, não eram brasileiros, eram italianos.

A *Playboy*, não é surpresa, sempre gostou de sexo – aliás, fez da sexualidade uma declaração de liberdade a partir daquele momento mais careta e repressor do macarthismo (quando a gente era contratado pela *PB*, na década de 1980, entrava em contato, em palpitantes apostilhas, com a saga iluminista de Hugh Hefner na década de 1950, contra o cardeal de Chicago, o *establishment* evangélico, as autoridades carolas, até mesmo contra o U.S. Mail, que se recusava a distribuir a revista por considerá-la "pornográfica", obrigando Hefner e seu time a usarem os canais clandestinos do *Daily Worker*, o jornal do Partido Comunista dos Estados Unidos – uma história de desobediência civil que me encantava).

Não consigo deixar de ver a inspiração subversiva do já então "Mister Pijama" – como os próprios *playwriters* e *playeditors* passaram a debochar dele, depois que Hefner se mudou para aquela mansão caricata em Los Angeles – numa série que a *Playboy* gringa passou a publicar, na década de 1980, com o título de "O sexo em...". Nova York, Berlim, Amsterdã, Londres – a sequência teria fatalmente de chegar à Babilônia dos trópicos e, claro, o Rio de Janeiro foi contemplado (se o texto não foi do Ruy Castro, terá sido um erro).

Coube a mim perscrutar o que se passava por trás de discretas portas e janelas coloniais da minha terra para uma reportagem intitulada "Sexo em Minas". Foi desafiador percorrer as trilhas de sêmen e as sinfonias de orgasmo que o falso recato dos mineiros – lembrem-se: sou um deles – tenta acobertar, como se todos ali fossem santinhos de altar e virgens perenes. Por entre as frestas do moralismo assomava o curioso retrato da hipocrisia. Ouvidos sorrateiros colados nas portas das alcovas, cotovelos escalavrados na espionagem da vida alheia, línguas venenosas propagando, com o arfar de donzelas escandalizadas, intrigas de candinhas. Flaubert perde.

No caso do painel libidinoso de Minas, duas coisas me envaideceram. Uma delas é que o mineiro Geraldo Mayrink, parceiro de redação e *gourmet* das palavras, passou a citar, como elogio, uma frase da matéria. Ele a repetia como se saboreasse doce de leite com queijo. A outra foi saber que o exuberante pároco da igreja matriz do Pilar, em Ouro Preto, aproveitando o pretexto de ter sido citado na reportagem, exibia a *Playboy* aos fiéis menos carolas, não tendo escondido a demoníaca tentação, como seria de esperar, em alguma gaveta secreta da sacristia.

Gostaria de acreditar que as trapaças licenciosas da mineirada tenham me rendido até mesmo uma buzinada do Mario de Andrade, o irrequieto diretor de redação. Mario tinha em sua sala uma buzina como aquela do Chacrinha. Saía pela redação buzinando como um desatinado quando o texto (ou a foto, ou a ilustração) o agradava. Buzinava até para uma boa legenda. Raramente trabalhei com alguém que buscasse fazer da depressão do trabalho uma reviravolta de tamanha alegria.

Provei o almoço executivo de dezenas de motéis, quando a moda começou, resguardando o anonimato de meu ofício como fazem os críticos gastronômicos do renomado *Le Guide Michelin* (em vez de estrelas, atribuíamos coelhinhas, três no melhor dos casos). Como estava solteiro, pude revezar, por dever de ofício, o plantel de acompanhantes. Descobri que as notas fiscais dos motéis – exigência para o reembolso – trazem interessantes designações, tipo Associação Recreativa Nossa Senhora do Carmo ou Centro Cultural Amor de Mãe. Imagino só a perplexidade da área financeira da Abril.

Os almoços executivos me custariam a cilada do ridículo e ao fotógrafo neófito, ainda que de talento especialmente auspicioso, um momento de constrangimento. O garoto carregava um leve sotaque nas palavras, mas era escorreito na linguagem das lentes, um obcecado perfeccionista. Foi recrutado para clicar, num quarto de motel, uma bela modelo e o repórter desenxabido. É, sobrou para o abaixo-assinado. Mario de Andrade queria verossimilhança na reportagem e me pôs ao lado da belezura e diante de um almoço cenográfico, numa mesinha desmontável que a produção depois me deu de presente – isto é, de consolo. O champanhe compareceu, obviamente. Resignado a pagar o mico, esperei com toda a pachorra do mundo por aquele infindável frenesi de luzes sendo assestadas e ângulos sendo testados. Na hora do primeiro clique, a magnífica câmera do fotógrafo travou. Sem remédio. O sujeito – hoje internacionalmente consagrado – tem fama de temperamento forte e palavreado contundente. Foi um deus nos acuda. Aliviado, supus que meu calvário estaria cancelado. Mas a obstinação do Mario de Andrade não tinha limite. A foto foi refeita. A expressão do repórter não era um flagrante de exaltação, parecia a de um espectador de filme de terror.

A propósito dos prazeres da mesa, fui a Veneza investigar a mística duradoura do Harry's Bar, entre taças de Bellini e *tramezzini* sucessivamente dedicados por mim à memória inspiradora de Ernest Hemingway, que situou ali um de seus romances, e à amizade do fotógrafo-*globe-trotter* David Drew Zingg, o primeiro a me falar do lugar.

"O melhor bar do mundo", decretava o título da matéria. Hoje, olhando para trás, percebo quanto daquilo lá é macumba para turista. Conheci e jantei com Arrigo Cipriani, *il capo*, dono de um ego digno de publicitário brasileiro. Já que me fiz acompanhar de um amigo *locale*, ganhei de Arrigo preciosos minutos de conversa que ele teria sonegado a um reles repórter latino-americano e um surpreendente desconto na conta, de 70%, acreditem – que, no entanto, o meu patrão Civita teria, ainda que involuntariamente, pago na íntegra, sem regatear. O desconto consistia no que se chamava de *voce amica*, a voz amiga. Ao servir um nativo da terra, o Harry's Bar retirava o indecoroso *overprice* que os alienígenas se resignavam sorridentemente a desembolsar.

Hospedei-me no Plaza Athénée de Paris na suíte que Jack Nicholson costuma reservar, com vista privilegiada para a Tour Eiffel, e só não fui ao longínquo Raffles de Cingapura, o mais clássico de todos os hotéis-palácios do mundo, pérola da arquitetura colonial inglesa inaugurada em 1887, quatro décadas antes do nosso Copacabana Palace, porque decidi, no final da década de 1990, seguir outros caminhos. No Plaza, o *sommelier* de perigoso nome Salé (Salgado) me sussurrou ao ouvido o segredo de um pomerol magnífico, vizinho do Pétrus – e de preço que cabia no bolso. Cabia. O maldito do *sommelier* deve ter confidenciado a mesma coisa para todo o elenco de xeques e emires árabes que passavam por ali. O preço subiu à estratosfera.

Graças à *Playboy*, participei da intimidade da realeza – na figura do Rei Pelé, por ocasião de dois de seus aniversários, em 1985 e 1995, em Nova York, aposentado da bola, executivo da Warner, e, dez anos depois, quando ele atuava como ministro do Esporte do governo Fernando Henrique. A primeira experiência nasceu de uma saborosa artimanha do Mario de Andrade. O Rei andava arrastando sua asinha pra cima da Rainha – a Xuxa. Esta é a história que tinha prometido ali atrás.

A corriola que cercava Sua Majestade, viciada naquele ambiente de orgia solteira e sem culpa que perfumava o dia a dia do Pelé, temia que, com a loura, ele abandonasse os velhos amigos em prol da vida regrada de homem casado. Mas Pelé parecia determinado. Tendo a tiracolo o advogado que depois até chegaria a presidente do Santos, foi até a redação da *Playboy*, na inóspita região da Berrini. Pedira ao Mario de Andrade as fotos do ensaio que Xuxa tinha feito, anos antes. Pelé pretendia levá-la com ele para Nova York, abrir as portas de uma agência internacional de modelos e aquele, hum, deslize do passado poderia provocar algum embaraço na carreira dela.

Mario, previamente informado, aceitou de cara: "Como não atender ao pedido de um Rei?". Entregou-lhe um pacote de cromos (eram assim as fotos, naquela época) e, em contrapartida, negociou uma ampla reportagem sobre a vida do Rei em Nova York. É aqui que eu entro na história – em parceria com o Luiz Fernando Mercadante. Tão logo o Rei e o advogado saíram da sala, Mario abriu uma gaveta e, com aquele sorriso de moleque travesso, me mostrou um pacote de cromos. "Dei as cópias, fiquei com os originais", comemorou. "Logo, logo, ele já terá desistido dela." Não deu outra.

Sempre preferi as *features* às entrevistas, aquelas entrevistas longas, míticas, que abriam a edição e que costumavam exigir horas e horas de dedicação resignada, além de um talento específico, de sedução e malemolência, em que se excedia o Jovem Gui, Guilherme Cunha Pinto, capaz de extrair, à simples visão de uma castanha de caju servida como aperitivo durante a conversa, a confissão de Patrícia Pillar de que estava, sim, de amores com Ciro Gomes. Entrevistei o José Wilker – um primor de coragem. A Betty Lago – cujo sarcasmo me ironizou o tempo todo. A Marisa Monte – um desastre. Alegando que tinha aprendido com o Nelsinho Motta a se comportar com a imprensa, Marisa esgueirou-se até das mais inocentes das perguntas. Pior para ela, fez um papelão.

A entrevista era, de fato, uma peça de resistência da *Playboy*, não aquilo que se dizia pejorativamente dela – um mero pretexto para folhear o que realmente interessava. O aprendizado obedecia a uma minuciosa cartilha ditada pela *Playboy*-mãe. Fazia todo o sentido. Naquela era pré-Google e pré-Wikipedia, recomendava-se que, antes de partir para o desforço físico e intelectual com o entrevistado, o entrevistador elencasse uma sequência de cem perguntas, ou até mais. Acabava sendo um trabalho coletivo, de todos nós da redação. Tratava-se do respeitoso jeito de se apresentar ao entrevistado sabendo quem ele era e o que ele fazia.

A fórmula era flexível, mas, se levada ao pé da letra, podia conduzir a certos exageros. Costumava-se, por exemplo, pedir às entrevistadas sestrosas: "Descreva seu banho". Alguma excitação poderia brotar da resposta. A pergunta clássica foi, certa vez, endereçada à então prefeita e hoje deputada Luiza Erundina. Ela respondeu.

No quesito entrevista, a que mais me orgulha foi uma que não fiz – mas que editei. Deu um tremendo trabalho, mas foi para mim uma aula de jornalismo. O repórter da *Playboy* norte-americana estendeu-se em horas e dias de entrevista com John Lennon, que se preparava para lançar um disco solo no final daquele ano de 1980. O paciente entrevistador chegou à minúcia de checar com John, uma a uma, a origem e o significado de todas as músicas dos Beatles. O copião da entrevista me chegou às mãos em bruto, e a partir dali eu pude acompanhar, etapa por etapa, todo aquele doloroso processo de corte e de remanejamento, puxa pra cá, leva pra lá, a intervenção quase sempre criminosa que a gente costuma chamar de edição. O resultado final, que saiu na *Playboy* de dezembro (Estados Unidos foi às bancas já em novembro), foi primoroso. De coração apertado, tive de reduzir em um quarto a longa, corajosa e saborosíssima entrevista do ex-Beatle.

Já fechada, titulada, legendada, à espera da *Playboy* brasileira de janeiro – a data inicialmente definida no planejamento editorial –, Mario me despertou em casa naquele triste 8 de dezembro de 1980: "Lennon foi assassinado; temos de mudar tudo". Corri para a redação e, em poucas horas, conseguimos transformar a entrevista num encarte em papel-jornal a tempo de ser anexado à edição de dezembro que estava na boca do forno. Depois, Mario mandou enquadrar a página de abertura em moldura de vidro, com assinatura de toda a equipe, e me deu de presente. Foi uma carinhosa mensagem de bota-fora. Eu estava me despedindo – pela primeira vez – da *Playboy*.

Assim é que fui acumulando, graças à magnanimidade dos meus editores e de uma cartilha jornalística que acreditava no deleite da narrativa (não por acaso, Geraldo Mayrink, o melhor de todos nós, ficou tanto tempo na *Playboy*), uma razoável floresta de Prêmios Abril, cujas arvorezinhas ainda me são bastante úteis para escorar os livros na estante.

Falei em rigor da informação e recordo, entre a autocrítica e a autoironia, uma viagem ao Principado de Mônaco para uma daquelas reportagens ao estilo purpurina nos olhos. Fiquei por lá uma semana, dez dias, mas me pareceu uma eternidade – celestial eternidade –, já que você não precisa mais que um par de dias para esgotar os atrativos turísticos daquele rochoso reduto dos Grimaldi (de todo modo, me pareceu animador ter encontrado no aeroporto de Nice, já na chegada, a deliciosa Gabriela Sabatini a caminho de Monte Carlo, e de ela ter me prometido um café no terraço do Hôtel de Paris).

Almocei no Louis XV, do então promissor Alain Ducasse, vi não sei quantas vezes a troca da guarda no palácio principesco no promontório que, em patoá monegasco, chama-se A Roca, descobri a noite do mitológico Jimmy'z. Meu programa favorito era o cassino, analisar o frenesi dos jogadores, ter acesso privilegiado aos *salons privés* das apostas milionárias nas mesas de bacará.

Minha âncora naquela gangorra ansiosa de esperanças e decepções passou a ser o *croupier* de uma roleta, um italiano de nome Mario (só entram no cassino os estrangeiros, inclusive os funcionários; o catolicismo carola dos Grimaldi barrava, em prol da decência, o ingresso de todo e qualquer monegasco). À frente de Mario desenhava-se o mais perfeito retrato da economia mundial. "Sei mais que o FMI", orgulhava-se ele. Mario dissertava: "Os russos devem estar ganhando muito dinheiro, muito rápido. Sabem gastar muito dinheiro e muito rápido". Começava a pressentir a avassaladora invasão chinesa (estamos falando da segunda metade da década de 1990). E, a partir do pano verde esticado à sua frente, de sua roleta e daquele seu implacável dadinho, desenvolveu uma interessante teoria acerca das relações entre Brasil e Argentina. "Quando o Brasil vai bem, a Argentina está ferrada; quando a Argentina vai bem, é o Brasil que se danou." Ao estourar a grande crise financeira de 2008, lembrei-me do Mario e tentei ligar para ele em Monte Carlo. Informaram-me que ele tinha voltado para a Itália e desfrutava de merecida aposentadoria na Riviera.

Em Mônaco, eu me hospedei num hotel que ficava... na França. Bem ali na fronteira, perto do estádio do Monaco FC, onde imperava, à época, o craque brasileiro

Sonny Anderson. Era o xodó do time e coincidiu de eu assistir, contra o Nantes, a poucos metros do príncipe Albert, na frisa dos privilegiados, a partida em que a equipe do principado se sagrou, com vasta antecedência, campeão... da França.

Hospedar-se em outro país, quando se visita Mônaco, dá bem a ideia da escala geográfica do território dos Grimaldi. O que se diz é que, se você engatar uma terceira no seu carro, você já terá atravessado todo o país. Eu tinha desfrutado de um curto mas pedagógico estágio na Escola Elio Gaspari de jornalismo, uma década antes, na *Veja* (certa vez, o editor de "Brasil" teve de despertar o ministro da Aeronáutica de madrugada para descobrir, a pedido do Elio, a exata coloração do rastro deixado pelos aviões da Esquadrilha da Fumaça). Eu me propus, então, a esclarecer definitivamente a correta extensão do principado. Uma noite contei, passo a passo, o caminho entre o cassino e o meu hotel, na fronteira com a França. Contei: ao pé... da letra. Como o cassino ficava no perfeito centro geográfico do país, foi só multiplicar o resultado por dois e anunciar, enfim, ao mundo estarrecido: em 8.348 passos você atravessa Mônaco, de cabo a rabo. Informação, como se vê, da maior relevância para o destino da humanidade.

Às vezes convém – como neste patético momento – distinguir o que é transtorno obsessivo-compulsivo (TOC) do que é jornalismo. Porém, em repente de lucidez, resolvi recuperar minha abalada sanidade mental numa viagem à Suíça, onde pontificava, para surpresa geral e ressentimento dos franceses, aquele que passou a ser considerado o *chef de cuisine* número um do mundo. O fenômeno chamava-se Fredy Girardet e manuseava suas panelas em Crissier, nas vizinhanças de Lausanne. Ricardo Setti adorou a ideia e lá fui eu, de trem, sem pressa, galgando lentamente as *corniches* da Côte rumo aos maciços alpinos.

Não há viagem em que você não aprenda alguma coisa – desde que você esteja disposto a aprender. Portanto, não cabe ao repórter senão convidar o leitor à mesma experiência sincera de seu aprendizado. A minha experiência em Crissier começa com o choque que qualquer brasileiro haveria de ter. O melhor do mundo abrigava-se no cenário nada impressionante de um discreto restaurante de hotel, o que o descredenciaria imediatamente nas expectativas luxuosas a que nos acostumamos aqui no Brasil. Nem mesmo o charme romântico de um bistrô à moda parisiense Chez Girardet exibia. Eu me fazia acompanhar do ministro conselheiro da embaixada do Brasil junto à ONU, em Genebra, um amigo caríssimo capaz de escrever torturantes *romans noirs* e dialogar sobre os requintes maiores da melhor gastronomia. Atravessamos o cardápio de alto a baixo, do *amuse-bouche* à sobremesa, da *coupe de champagne* ao *sauternes* do *grand finale*. Uma apoteose para a boca e para alma. Saí tão alterado que deixei as anotações no táxi.

Em Chez Girardet eu também simulei a tática Michelin. Somente ao final, na hora de pagar a conta, é que me identifiquei como jornalista e pedi ao maître – de quem percebi uma pouco cerimoniosa tentativa de escutar nossa conversa – se seria possível trocar algumas palavras com monsieur Girardet. "Ele se foi", respondeu o maître, em inconfundível português da terrinha. "Como, se foi?" "Partiu", continuou o maître. "Ele nos reuniu na sexta-feira *[era uma terça, se não me falha a memória]*, avisou que ia se retirar, deixou a cozinha aos cuidados do *sous-chef* e disse *au revoir.*"

Enquanto lágrimas se insinuavam nos olhos do sofrido maître luso, fiquei a imaginar monsieur Girardet refugiado no cimo de um inacessível cantão helvético ordenhando suas vaquinhas – e nem aí para seus galardões gastronômicos. Doía no coração ver o sofrimento do meu patrício da Beira. "Não sei bem o que fazer", confidenciou, "mas acho que é hora de voltar para casa." Fazia mais de trinta anos que o pobre Aníbal não chamava Portugal de casa. Ao me despedir, desejei-lhe boa sorte e nunca soube se de fato voltou ou não. Do fugitivo Girardet sabe-se que um ano depois reapareceria à frente de um luxuoso restaurante. Em Tóquio.

Fiquei tão desconcertado com a surpresa que acabei não redigindo a tal reportagem "O melhor *chef* do mundo". Aquela mania que a gente tinha, na *Playboy*, de só descrever as vitórias, não os reveses; de edulcorar a vida real numa moldura de luxo, de prazer e de encantamento. Até que aconteceu o inevitável: a realidade triunfou, desmantelou a fantasia e a *Playboy* passou desta para melhor – aliás, desta para a melhor de nossas recordações.

NIRLANDO BEIRÃO

é jornalista e escritor. Nasceu em Belo Horizonte e estudou antropologia na UFMG e na UFRJ. Em seus quase cinquenta anos de profissão, passou por vários jornais e revistas. Em *Playboy*, esteve por três períodos, sempre como editor especial: em 1980 e, de novo, em 1985, quando o diretor de redação era Mario Escobar de Andrade; e entre 1994 e 1998, quando Juca Kfouri passou o comando para Ricardo Setti.

PERDÃO, LEITORES*

Marcos Emílio Gomes

*Para recordar o grande jornalista Moacir Japiassu, colecionador de histórias de flagrantes maus-tratos aos leitores, com as quais todos, de vez em quando, colaboramos involuntariamente.

Aos 34 anos, um jornalista já está escolado o suficiente para evitar fantasias diante de um convite para trabalhar em outra redação. Mesmo que essa outra redação viva, em boa parte, de alimentar fantasias. Quando o decano da mídia esportiva Juca Kfouri me propôs ocupar uma vaga na *Playboy*, que ele dirigia naquele início da década de 1990, minhas ilusões quanto a me transferir para o *Jardim das delícias terrenas* de Bosch diretamente da casa de máquinas do encouraçado *Potemkin,* como um dia alguém definiu a revista *Veja*, ainda que pudessem ocorrer, durariam quase nada.

Hugh Hefner – de roupão ou às vezes sem ele – destacou sempre o lado hedonista de uma revista cujo sucesso se consolidou ao oferecer ao homem também reportagens e entrevistas sobre temas de interesse geral, assuntos para preencher o, digamos, fastio pós-ensaio. Era para essa parte, a área conhecida como *hard news*, o convite que recebi. Com participações nas coberturas do controverso Plano Cruzado (na *Veja*), da epopeica Constituinte (na mesma revista), nas radicalizadas eleições presidenciais de 1989 (no *Jornal do Brasil*), no infame pleito em que os paulistas tiveram de decidir no segundo turno entre

Paulo Maluf e Luiz Antônio Fleury (no *Estadão*) e no desopilante impeachment de Fernando Collor (novamente na *Veja*), achei tentador ter mais tempo e espaço para me dedicar a trabalhos de fôlego.

Esconjurado pela escolha por Mario Sergio Conti, diretor da *Veja*, mudei-me da insalubre redação na marginal do Tietê para o perfumado edifício do Brooklin que abrigava as mensais da Editora Abril. Ali e depois no suntuoso Edifício Abril, em seis anos na redação da *Playboy*, viria a colecionar algumas histórias divertidas, mas, se é que alguém ainda não entendeu, poucas relacionadas aos eflúvios sensuais que o nome da publicação costuma despertar.

Se algum colega, algum dia, foi trabalhar na redação da *Playboy* na expectativa de ver gente pelada ao vivo, deveria, antes, ter pedido informações sobre duas experiências pelas quais passei. Não vem ao caso recordar como, mas às tantas de uma apuração sobre basquetebol norte-americano, fui parar no vestiário do New York Knicks, no Madison Square Garden, tentando obter uma declaração do literalmente grande astro do time, Patrick Ewing, que, nu, convenhamos, não precisava ter se levantado da poltroninha na qual se enxugava para cumprimentar entusiasticamente o constrangido repórter brasileiro. Com seus 2,13 metros contra meu modesto 1,70 metro, Ewing sacudia a desagradável altura predicados de nenhum interesse para o repórter, a reportagem, a revista e uma parte considerável da população mundial.

Em situação raríssima, o trabalho me colocou outra vez diante de uma nudez impossível de ignorar, de uma das musas da revista, a então futura atriz Mari Alexandre, que viria a estrelar um banho "interativo" e comemorativo dos vinte anos da revista num CD-ROM (o cúmulo da tecnologia na época). Convidamos o premiado cineasta Walter Hugo Khouri, artífice de dezenas de filmes carregados de sensualidade, para dirigir o que, em tese, era um simples vídeo de um banho gravado em vários ângulos, numa banheira de motel. No CD, o usuário poderia variar o ponto de vista pelo qual iria "espiar" Mari Alexandre. Mas Khouri não gostava de vídeo, não era íntimo do computador e parecia imune a explicações sobre o funcionamento de um CD-ROM. Queria filmar com película cinematográfica. Desistiu mas não deixou de entulhar a suíte do motel com luzes, trilhos e carrinho de *travelling*. Só não abandonou o projeto no local de gravação porque se impressionou com a beleza da moça. Seu nome foi para a capa do CD, mas quem de fato dirigiu o vídeo de resultado bastante discutível foi este que aqui escreve e que confessa: estava tão estressado, como responsável também pelo orçamento daquele projeto, que mal me dei conta das qualidades plásticas de nossa estrela.

No capítulo das grandes entrevistas, o meu predileto, uma das mais enervantes possibilidades é a de rememorar alguns vexames do repórter e muitas esquivas bem-sucedidas por parte dos entrevistados. Mas assim é a vida. Por mais que o jornalista se prepare (e é preciso se preparar bem mesmo para enfrentar até oito horas de gravação, divididas em várias sessões), quem conhece o tema de uma longa entrevista desse tipo é a fonte, que fala sobre a história da sua vida. Numa mescla de terapia e confronto de boxe, às vezes é preciso sensibilidade, para ouvir uma confissão, e noutras ocasiões há que desafiar e agredir, para romper barreiras sobre alguns assuntos. Nem sempre dá certo e, das dez chamadas "conversas francas" que conduzi ao longo da carreira, é fácil lembrar alguns fiascos.

Cabe recordar, por sinal, a entrevista que nunca fiz com o craque Edmundo. Depois de marcar e confirmar a primeira conversa, o jogador me driblou no estádio do Vasco da Gama (não foi ao treino), num hotel que hospedava a Seleção Brasileira em Curitiba (manteve-se isolado e com celular desligado) e num shopping da Barra da Tijuca (de novo, não apareceu). Ainda bem, para a revista, que o brilhante jornalista Sérgio Xavier venceu essa parada em 2014, conseguindo uma conversa realmente franca com o ex-jogador, publicada na *Playboy* de maio daquele ano. Outra que me escapou foi Sônia Braga, que seria convidada a dar mais uma, um *bis* para a entrevista que concedeu em 1982. Depois de segui-la em vários eventos, fui dispensado com um singelo "agora não quero". E perdi, assim, a chance de perguntar se entendi direito o que quis dizer o entrevistador Hamilton de Almeida Filho, que não afirma mas deixa entender naquele texto ter conhecido a diva bem intimamente ao longo da apuração.

Também houve uma entrevista que não consegui publicar. Nem quis, aliás. Entre vários personagens de perfil circunspecto quando comparado à imagem da revista – como César Maia, Tasso Jereissati e Aloísio Mercadante, os quais acredito ter levado dignamente às páginas do entrevistão –, um se mostrou impermeável a todas as minhas tentativas de obter declarações que valessem o papel da impressão e o dinheiro pago pelo leitor. Foi o ex-reitor da Unicamp e depois ministro da Educação Paulo Renato de Souza, de quem a afirmação mais peremptória que arranquei talvez tenha sido o nome do time para o qual torcia, que já esqueci. Esse foi um fracasso considerável para quem conseguiu incluir no histórico de entrevistados até mesmo o eterno presidenciável José Serra, sisudo antitabagista que atormentei por algumas madrugadas enchendo de fumaça o seu apartamento funcional em Brasília e de perguntas os seus ouvidos. Atitudes das quais ele se vingaria depois telefonando várias vezes para pôr em ordem diferente adjetivos e locuções que usara na conversa e das quais se lembrava com a mesma precisão que meu gravador.

Com o então ex-governador do Ceará e ex-ministro da Fazenda Ciro Gomes, que entrevistei em Belmont, nas cercanias de Boston, quando ele se exilou para fazer um curso em Harvard, trabalhamos juntos na produção de monóxido de carbono e o que franguei foram os sólidos sinais de crise conjugal na desarrumação da casa que ele, naquele momento, ocupava sozinho. Seis meses depois, um dos mais talentosos e argutos jornalistas que conheci, Guilherme Cunha Pinto, repararia a barriga jornalística de minha autoria surpreendendo a atriz Patrícia Pillar, também em entrevista para *Playboy*, com uma pergunta que relacionava Ciro Gomes e castanhas-de-caju. O político e a artista, confirmou-se depois, já namoravam naquela época.

Assuntos pessoais eram tema clássico das entrevistas de uma revista voltada para adultos que, em vez de fofocar, fazia perguntas diretas com o objetivo de oferecer, a partir de modelos públicos, parâmetros de reflexão ao leitor. Os entrevistados não raramente esperavam com ansiedade essa parte da conversa e houve casos em que o bom senso na condução da entrevista permitiu que figuras conhecidas se libertassem de alguns tabus. E faço toda essa introdução antes que alguém afirme que também posso ter sido pouco perspicaz quando Daniela Mercury fez juras de amor ao então marido, numa entrevista de 1995. Posso garantir que, naqueles dias, não havia sinal aparente de que ela viria a ser uma venerável heroína do movimento das lésbicas, gays, bissexuais, travestis, transexuais e transgêneros (LGBT).

Como o objetivo dessas memórias de bastidores da *Playboy* pode não ser apenas recordar minhas gafes, posso contar vantagem quanto ao resultado de uma esperteza que proporcionou, creio eu, a produção de minha mais bem-sucedida reportagem para a revista, talvez não a melhor, mas pelo menos aquela que teve maior reconhecimento. Na apuração da matéria "O outono do dragão", cujo objetivo era conhecer a vida pós-presidência do general João Figueiredo, celebrizado por pedir que o esquecessem ao deixar o Palácio do Planalto, seduzi a ex-primeira-dama, dona Dulce, que tinha então 65 anos. O truque foi um tanto comum: enviar o mais bem-acabado e caro ramalhete disponível numa floricultura do Shopping São Conrado, no Rio de Janeiro. Incomum foi o resultado: horas de conversa telefônica a partir de um orelhão na frente do condomínio. Falamos até de Omar Sharif, um assunto delicadíssimo para a ex-primeira-dama e que não vinha ao caso ao tratar da aposentadoria do marido.

Também foi o telefone a ferramenta que me permitiu escrever a mais vexatória reportagem que publiquei na revista. Tinha ainda pouco tempo de redação quando me pareceu boa a ideia de fazer um bastidor sobre o funcionamento dos serviços de telessexo, na época uma febre que se espalhava pelo país e dava emprego a centenas de operadores de telemarketing. Imaginava reunir dezenas de diálogos de solitários e principalmente solitárias de todos os tipos nos quais poderia garimpar, aqui e ali, observações originais, tiradas brilhantes, pérolas literárias espalhadas no meio da safadeza. Mas só produzi mesmo um calhamaço de lugares-comuns ofensivo à inteligência dos leitores.

Se já tivéssemos naquela época contratado o jornalista Daniel Rizzo (criação coletiva da redação, inventado para assinar reportagens cuja paternidade ninguém queria assumir), teria sido ele o Cristo certo para evitar esse mea-culpa que faço para encerrar um curto capítulo de memórias da redação da *Playboy*. Aos que nunca leram uma reportagem, embora fossem assíduos compradores da revista, obrigado por nunca terem reclamado. Aos que leram matérias que escrevi e entrevistas que fiz, obrigado por terem me ajudado a ficar tantos anos na mais agradável e criativa redação que conheci. Aos que leram especialmente essa infame reportagem do telessexo, peço desculpas. Espero que a tenham esquecido.

MARCOS EMÍLIO GOMES

trabalhou entre 1994 e 1999 na *Playboy*, da qual foi editor e redator--chefe. Foi editor também no *Jornal do Brasil* e no *O Estado de S. Paulo*. Em *Veja*, foi repórter, editor assistente e editor executivo. Dirigiu ainda o núcleo da Editora Abril formado pelas revistas *Quatro Rodas*, *Placar* e *Runner's World*. É sócio da Solares Comunicação e Marketing.

UM TIME DE PELADAS E O CARTÃO VERMELHO PARA O FIGURANTE

Maurício Nahas

Era um domingo, agosto de 2002, minha mulher e eu tínhamos sido convidados para um almoço no apartamento da minha irmã e do meu cunhado.

[Corta para maio do mesmo ano.]

Recebo da revista *Playboy* o convite para fazer um ensaio com um time de futebol só de mulheres. Achei o convite desafiador, aceitei na hora, colocando para a revista algumas questões criativas que seriam importantes para o sucesso do ensaio. Queria que fossem mulheres lindas, mas que não houvesse uma protagonista, e sim que as 11 mulheres criassem uma personagem única para o ensaio.

Queria fazer uma diária no estádio do Pacaembu, pedi chuva artificial para ajudar no clima das fotos, e alugamos refletores HMI de 18 kW para iluminar o campo. Pedi para serem construídos dois cenários em estúdio: um de vestiário e um de chuveiro coletivo.

Foram três diárias no total e tudo saiu como planejado – o resultado foi um ensaio ousado para os padrões da *Playboy*, mas que até hoje é lembrado pelas pessoas. A última diária era no cenário do chuveiro coletivo, o clima no estúdio era muito bacana e, para eternizar aquele momento, pedi ao meu assistente que fizesse uma foto minha com as 11 meninas, que naquele momento estavam nuas.

Não sei como aquela foto foi parar na "Carta ao leitor" da revista. Minha mulher não é ciumenta, mas achei melhor esperar o momento certo para mostrar o ensaio e, principalmente, o meu retrato com as 11 moças nuas. A revista saiu em junho e foi um sucesso, o Brasil ganhou a Copa do Mundo e o ensaio foi vendido para várias edições da *Playboy* pelo mundo afora.

[Corta de volta para o apartamento da minha irmã e do meu cunhado.]

Ao entrarmos, vejo meu cunhado vindo na minha direção com um sorriso largo no rosto, dizendo quase aos berros que tinha adorado aquele ensaio. Fiquei feliz, mas um tanto preocupado. Minha mulher, ao ver aquela comoção toda, perguntou se ele tinha algum exemplar da revista em casa. Ele, ainda eufórico, disse que tinha não apenas um exemplar, mas cinco!!! Aquele momento definitivamente não era o ideal para que ela visse a revista, mas não teve jeito. Como disse antes, ela não era ciumenta, mas que mulher ficaria confortável vendo o marido abraçado a 11 mulheres completamente nuas?

Sempre procurei pensar a fotografia de nu como um belo retrato de uma mulher com pouca ou nenhuma roupa. Essa foi uma forma de desmistificar o processo na minha cabeça e pensar como faço em todos os meus trabalhos, como se fosse um roteiro de filme. Além disso, sempre foi muito importante estabelecer uma relação de confiança entre mim e a modelo, para que o trabalho transcorra da melhor maneira possível.

Minha paixão por fotografia começou bem cedo. Meu pai, apesar de ser comerciante, adorava artes em geral, e a fotografia era uma delas. Aos dez anos ganhei uma Kodak Instamatic 100, e com essa câmera fiz minhas primeiras fotos.

Aos 17 anos tinha que decidir que faculdade cursar e optei por medicina – gostava de biologia e sabia que não queria ser comerciante. Entrei na Santa Casa, uma escola desejada por quem pensa fazer medicina. À noite fazia um curso de fotografia na escola Imagem e Ação. Foi ali, nesse curso, que percebi a minha vocação. Depois de três anos tranquei a matrícula na faculdade e comecei a trabalhar como assistente no Estúdio Abril. Ninguém entendeu por que alguém largaria um curso de medicina na Santa Casa para ficar limpando o chão de um estúdio fotográfico. O Estúdio Abril acabou sendo a minha grande faculdade e também o curso de pós-graduação.

Iniciei a minha colaboração com a *Playboy* nos primeiros anos da década de 1990. No começo fazia alguns trabalhos de retrato e *still life*, aos poucos fui conquistando a confiança da direção da revista e passei a fazer alguns trabalhos de nu. Sempre achei a *Playboy* brasileira uma das melhores do mundo pelo fato de a mulher ser retratada como uma mulher de verdade e não como uma boneca de plástico, irreal e inatingível.

Um dos primeiros ensaios foi uma matéria em que reproduzíamos ícones de marcas famosas, como a Rolls-Royce: vestíamos um figurino na modelo para que ela ficasse igual ao símbolo e aí começávamos a despi-la aos poucos. Outro símbolo que desnudamos foi a mulher da Columbia Pictures. A produção ficou impecável: foi construído um pedestal e pintado um fundo de céu com aquelas conhecidas nuvens em lona.

Minha primeira capa para a *Playboy* foi para a edição de maio de 1995 e a modelo era Luciana Pereira. Outro fotógrafo tinha feito a matéria para dentro da revista e, por algum motivo, não pôde fazer a foto da capa. Fui convidado e logo aceitei.

Tivemos a ideia de pô-la deitada com as pernas para cima como se estivesse brincando com o logotipo da revista, que faria certo movimento com o toque dos pés dela. Contando com algumas edições especiais, nesses anos todos colaborando com a *Playboy* fiz vinte capas.

Minha grande referência foi o fotógrafo alemão Helmut Newton. Ele conseguia, com muito talento, criar um universo poderoso para os nus que fazia. Gosto muito de sua série "Big Nudes".

Conheci muita gente bacana dentro e fora da redação. Algumas dessas pessoas tiveram enorme importância no sucesso dos ensaios, tornaram-se grandes amigos e conhecem de perto histórias de bastidores inesquecíveis.

Um desses bastidores aconteceu em 1991: fiz um ensaio em que o tema era a Mulher Gato, na onda do filme *Batman*, que tinha acabado de estrear nos cinemas. O figurino tinha de ser bem elaborado – a modelo tiraria partes dele até ficar completamente nua. Fomos, a produtora executiva e eu, até o ateliê do estilista, que ficava no apartamento dos pais dele, se não me engano no bairro de Perdizes. Chamou a minha atenção a qualidade e o acabamento do figurino – impecáveis. O estilista era Alexandre Herchcovitch, hoje uma pessoa celebrada no mundo da moda e que estava no começo de sua carreira.

Quando recebo o convite para um ensaio de nu, acho muito importante ter um encontro antes do dia do ensaio com a mulher escolhida. Esse tipo de trabalho não é uma ciência exata, estamos falando de pessoas, com desejos, medos e inseguranças, por isso acho esse primeiro contato fundamental.

Uma vez fui fotografar a Ana Paula Tabalipa para um ensaio de capa no Rio de Janeiro. Não a conhecia e fiz questão de que nos encontrássemos antes do trabalho. Fomos todos, ela, a equipe da revista e eu, ao bar do Copacabana Palace para uma noite deliciosa, com muitas risadas e várias taças de Dry Martini.

No dia seguinte, ela estava muito tranquila e segura do que queríamos para aquele trabalho e trouxe ao ensaio uma força que foi fundamental para o resultado final. Quando não é possível esse contato prévio, tudo fica um pouco mais difícil.

Passei por alguns apuros também, como quando fui fotografar uma modelo dentro de um balão em pleno voo.

Eu teria que estar em outro balão, e até aí tudo bem, só que descobri que balão não tem direção e voa de acordo com a direção do vento. O piloto sugeriu que amarrássemos os dois balões para que voassem juntos. Eu, que nunca tinha voado em um balão, concordei.

Lá pelas tantas, com o vento, os balões começaram a se chocar. Olho fixo no visor da câmera, não me preocupei com os encontrões até a hora em que me virei para trás e vi a cara de terror do piloto. Já tinha feito a foto que queria, disse a ele para cortar a corda que amarrava os balões. Somente realizei o perigo quando pousamos, são e salvos.

Também fui parar em uma delegacia na cidade de Araçariguama, perto de Sorocaba, no interior de São Paulo. Tínhamos ido fazer algumas fotos em uma fazenda e alguém viu "uma mulher nua" e chamou a polícia. Fomos acusados de atentado ao pudor. Tivemos de acionar o departamento jurídico da Editora Abril para que os advogados nos tirassem daquela situação desagradável.

Quando era garoto costumava comprar a revista *Homem*, que mais tarde viria a se chamar *Playboy*. Claro que naquela época não me interessava pelas entrevistas e reportagens – depois aprendi a apreciá-las. Grandes entrevistas foram feitas na *Playboy*.

Fui convidado em janeiro de 1992 para fazer o retrato de José Dirceu, que naquela época era deputado federal. Ele foi até o estúdio, coisa rara quando se trata de um político que na época já tinha importância no cenário brasileiro.

Percebi que ele estava eufórico, começou a falar sem parar, disse que aconteceria no país um fato que seria um divisor de águas para a política brasileira e que cairia como uma bomba. Apesar da insistência, ele se recusava a dizer que bomba seria essa. Em setembro de 1992 o Congresso votou a favor da abertura do processo de impeachment de Fernando Collor e em dezembro ele renunciou.

Um fato recorrente para quem fotografa para uma revista masculina são seus amigos pedindo para acompanhar um ensaio de nu. Incontáveis vezes ouvi a frase idiota "Eu seguro a luz pra você". Com um sorriso amarelo, respondia que não era bem assim que funcionava, e que a feitura de um ensaio envolvia muito trabalho e pouco "glamour".

Houve uma exceção. Eu estava fazendo um ensaio de mulheres nuas em lugares públicos para a *Playboy* e coincidentemente faria uma foto de uma das modelos em um supermercado vizinho da casa da minha mãe. A foto seria clicada durante a noite, com o supermercado fechado, e eu precisava de vários figurantes que dessem a sensação de que o local estava cheio de gente fazendo compras.

Naquela noite comemoramos o aniversário do meu irmão com um jantar justamente na casa da minha mãe. No fim do jantar, quando já estava quase a caminho da locação, recebi um telefonema da produtora dizendo que um dos figurantes tinha desistido do trabalho. Esse tipo de imprevisto às vezes acontece na última hora e eu precisava resolver isso de alguma maneira. Naquele caso não foi difícil. Na hora pensei em chamar o meu irmão. Ele tinha acabado de completar 21 anos e não acreditou quando lhe fiz o convite. Disse a ele que a coisa era séria e que ele teria que se comportar. Pedi que ficasse andando em um dos corredores da loja, como se estivesse procurando algum produto, e que evitasse ficar encarando a moça.

Estava tudo pronto para começar a sessão de fotos quando percebi a modelo um pouco desconfortável. Perguntei o que havia e ela me disse que estava incomodada com um dos figurantes. Perguntei quem era e não deu outra, era o meu querido irmão. Tive que trocá-lo por outro figurante e ele foi embora chateado. Ele me disse que não tinha feito nada de errado, mas certamente devia estar com aquela cara de garoto de 21 anos esperando o momento em que uma moça bonita vai tirar o roupão.

Quando me convidaram em 2010 para fazer um ensaio com duas mulheres juntas, achei que poderia render belas fotos. Eu precisava fazer com que elas confiassem e acreditassem que poderíamos conseguir fotos com a força necessária sem cair no lugar-comum.

E foi o que aconteceu: a foto de que mais gosto é a intenção de um beijo entre as duas. Conseguimos contar aquela história com clima e sensualidade.

MAURÍCIO NAHAS
começou a trabalhar no estúdio da Editora Abril como assistente e, em seguida, como fotógrafo. Em 1995, abriu seu próprio estúdio e trabalha hoje com as mais importantes agências de publicidade do país. Ganhou cinco Leões no festival de Cannes e foi duas vezes vencedor do prêmio Conrado Wessel de fotografia. Participou de três exposições na Pinacoteca do Estado de São Paulo e, em 2015, realizou uma exposição individual no Museu Afro Brasil do projeto "Do Pó da Terra" sobre as ceramistas do Vale do Jequitinhonha.

SÍSIFO, CLEO E ZEITGEIST

Edson Aran

Confesso: relutei em escrever este texto. A *Playboy* é apaixonante. E falar de relacionamentos antigos nem sempre traz boas recordações. Por outro lado, passei sete longos anos como diretor de redação da revista (2006-2013) e fui o segundo editor mais longevo da publicação. Vi o terremoto causado pelas masculinas inglesas na década de 1990. Vi o efeito corrosivo da internet a partir de 2000. Vi as redes sociais desidratarem a relação editor-leitor. Vi o mercado despencar de patamares espetaculares para números insignificantes. Vi o fim de uma era. E tudo isso, quem sabe, talvez seja capaz de transformar esta crônica em leitura agradável. Mas não garanto nada.

Bem...

Minha história com a *Playboy* começa antes da *Playboy*. Mais precisamente na *VIP*, a outra revista masculina da Editora Abril, na qual era o redator-chefe. Era junho, talvez julho, de 2003.

O diretor Marco Antônio de Rezende me acordou às sete da manhã, algo raro, raríssimo, e pediu uma reunião urgente na redação. Naquele dia eu chegaria cedo à editora de qualquer forma, pois tinha uma reunião marcada com a Sabrina Sato para discutir uma capa. Sabrina tinha acabado de surgir no *Big Brother* e formava um combo delicioso e improvável: japonesa, gostosa e caipira.

Marco Antônio pediu para cancelar a reunião com a Sabrina, pois tínhamos outros assuntos a discutir. Péssimo sinal. A Abril passava por uma das suas "reorganizações" cíclicas, o que significava demissões e fechamento de títulos. Era uma das duas coisas.

Naquele tom calmo de lorde inglês, Marco Antônio disse:

– A editora não confia mais em nós dois e na diretora de arte para conduzir a revista. Estamos os três demitidos.

Lá embaixo, nas margens do rio Pinheiros, as capivaras nadavam entre dejetos, sem dar a mínima para o nosso pequeno drama. Nos últimos cinco anos, sob o comando do Marco Antônio e a orientação do Paulo Nogueira, o diretor de núcleo, a *VIP* tinha deixado de ser uma insípida e falida revista para executivos para se tornar um sucesso editorial na linha das publicações inglesas que então dominavam o mercado, *FHM*, *Maxim* e *Loaded* (minha preferida). Juntas, as três vendiam mais de 3 milhões de cópias mensais no Reino Unido, que é menor que o Piauí. Na virada do milênio, a *Maxim* havia entrado nos Estados Unidos e em pouco tempo já tinha a metade dos assinantes da *Playboy*, que estava no mercado fazia quarenta anos.

As revistas inglesas traziam apenas ensaios de seminudez, mas a diferença marcante com a revista de Hugh

Hefner estava no tom. Enquanto o leitor ideal da *Playboy* era, digamos, James Bond, o da *Maxim* era, vejamos, Jason Bourne. A *VIP* seguia exatamente essa receita, mas na Abril isso era um problema.

Numa "reorganização" ocorrida anteriormente, a revista havia saído do grupo da *Exame*, onde estava locada, para integrar um núcleo que incluía *Claudia*, *Elle* e *Cosmopolitan*, na época ainda chamada de *Nova*. Não podia dar certo, evidentemente, e a ideia era que não desse mesmo. O projeto da editora era transformar a *VIP* que fazíamos numa espécie de "Claudio". E nós, que havíamos sido contratados para produzir outro tipo de revista, nos sentimos desrespeitados e desprestigiados. E reagimos. Deu errado, claro. Sempre dá.

Minha demissão aconteceu numa sexta. Na segunda, fui à editora passar para Felipe Zobaran, o novo diretor de redação, as matérias que estavam prontas, pautas encomendadas, reportagens em produção e negociações em andamento. Depois fui para o Conjunto Nacional, na Paulista, pegar um cinema e gastar dinheiro na Livraria Cultura. "Keep calm and carry on." Nós fazíamos uma revista que se pretendia inglesa, afinal de contas. Então meu velho celular Nokia tocou. Era o Angelo Rossi, o dono da *Sexy*, a segunda revista masculina do país, atrás apenas da *Playboy*. Ele soubera da minha saída da Abril e tinha uma proposta para me fazer. Dirigir a *Sexy*.

A história da *Sexy* é curiosa. A publicação nasceu como um suplemento da versão brasileira da *Interview* norte-americana, criada por Andy Warhol em 1969. Nos Estados Unidos, a revista tinha a cara de um classudo jornal alternativo de artes. Aqui, a revista ganhou um jeitão de *Vanity Fair*. No começo, a *Sexy* não tinha ensaios de nudez e publicava apenas entrevistas sacanas com personalidades. Arnaldo Jabor chegou a fazer uma coluna sobre a revista, teorizando que, com a Aids, o ato sexual havia sido substituído por longas conversas eróticas, que era mais saudável e menos perigoso. Mas essa fórmula perdeu fôlego em pouco tempo e a *Sexy* acabou virando uma versão mais atrevida da *Playboy*.

Talvez seja bom explicar também que a *Playboy* com "famosas peladas" é como jabuticaba e só existe no Brasil. A fórmula editorial criada por Hugh Hefner em 1953, e seguida por mais de trinta edições da *Playboy* espalhadas pelo mundo, é a da "girl next door". A vizinha gostosa. A garota comum. A revista não foi a primeira a publicar nudez feminina, longe disso, mas foi a pioneira em tirar a roupa de garotinhas ditas WASP – White, Anglo-Saxon and Protestant. A publicação nasceu numa época de expansão econômica nos Estados Unidos e é uma celebração do capitalismo e dos seus prazeres. Hefner era obcecado em tornar o hedonismo um estilo de vida respeitável e foi muito bem-sucedido nisso durante quarenta anos, depois tudo desandou. Mas essa é outra história.

Até a década de 1980, a maioria das revistas prescindia de uma "famosa" na capa para vender mais. A celebração da fama é uma doença mundial, mas resultou extremamente desastrosa para a indústria editorial. No caso da *Playboy* brasileira, a "famosa" se tornou a sua razão de ser, passando para segundo plano todo o conteúdo editorial. Nos sete anos em que estive à frente da publicação, todas as reuniões de planejamento começavam e terminavam com a mesma questão: "Quem é a capa e quanto ela custa?". Discussões editoriais foram raras. De seis em seis meses, Roberto Civita nos convocava, a mim e ao diretor de núcleo, para uma conversa. E isso era tudo. Eu também sempre agendava bate-papos regulares com o Thomaz Souto Corrêa, mas eram conversas informais sobre jornalismo, novas mídias, internet, essas coisas.

Essa fórmula da "famosa na capa" só foi possível devido às condições anômalas do mercado brasileiro, fortemente monopolizado. Além da revista, a gráfica e a distribuição também eram da Abril. Uma capa de sucesso era como acertar na loteria: todas as pontas do negócio faturavam e todo mundo ficava feliz. Obviamente, uma aposta errada fazia todo mundo perder dinheiro e, por isso, nos meus últimos anos na *Playboy*, o que fazíamos não era mais revista, mas sim jogar pôquer todo mês. Nos Estados Unidos, onde a distribuição é pulverizada e setorizada, a circulação de uma revista se ancora nas assinaturas e a alavancagem artificial das vendas com uma "celebridade" não é tão necessária. Ou pelo menos não era. As coisas estão mudando rapidamente por lá também.

Mas me adianto, pois eu falava era da *Sexy*.

Angelo Rossi queria reformular a *Sexy* à imagem e semelhança das revistas inglesas, mas sem abrir mão da nudez. A *Playboy* fizera movimento semelhante alguns anos antes quando o diretor Ricardo Setti fora substituído por Cynthia de Almeida. Mas naquele momento, 2003, a revista tinha outro diretor e buscava resgatar o "glamour" perdido. Essa maldita palavra – "glamour" – é a responsável pela maioria das bobagens feitas nas publicações masculinas brasileiras. Voltaremos ao tema. Ainda estamos na *Sexy*.

Enfim... Entrei na revista em 2004 com sangue nos olhos. A equipe era pequena (Jeferson de Souza, Arianne Brogini, Jardel Sebba, Ken Tanaka...), mas valente e empenhada. De imediato, imprimimos humor e irreverência à publicação. A proposta era simples: se *Playboy* falava de cima com o leitor, *Sexy* falaria ao lado. Em vez de *scotch*, cerveja. Em vez de gravata, camiseta. Em vez de James Bond, Jason Bourne. Deu certo.

A primeira edição que fizemos empatou com a *Playboy* nas bancas. Em dezembro daquele mesmo ano, *Sexy* superou a venda da *Playboy*, mas perdeu na circulação total devido à portentosa carteira de assinantes da concorrente. Em outubro de 2005, com Scheila Carvalho na capa, *Sexy* bateu a circulação total da *Playboy* (vendas mais assinaturas).

E então a Abril me ligou.

Felipe Zobaran, que havia assumido a direção da *VIP* em 2003, agora era diretor do núcleo de revistas masculinas. Ele me chamou para um happy hour e imaginei que me sondaria para assumir a *VIP*. Fui disposto a dizer "não". Não fazia sentido deixar a segunda revista do mercado para dirigir a terceira. E *Sexy* era, de certa forma, uma *VIP* radicalizada. Mas o convite era outro, era para assumir a *Playboy*.

Balancei. Eu me sentia lisonjeado, mas tinha inúmeras dúvidas se deveria aceitar. Na *Sexy* eu trabalhava com absoluta liberdade editorial e na Abril não seria assim, eu sabia. A editora sempre foi uma "fogueira das vaidades". Cascas de banana, "frituras" e sabotagens faziam parte do dia a dia. Além disso, a maldita palavra "glamour" tinha aparecido na conversa. O objetivo era recuperar o "glamour" da marca e eu sabia muito bem o que isso significava.

"Glamour." Precisamos conversar sobre isso. Para entender essa confusão temos de recuar na história. A *Playboy* foi lançada no Brasil em 1975, ainda com o título *Homem*. O primeiro diretor de redação, Mario de Andrade, fez um trabalho impecável. A revista do Mario, especialmente antes de adotar o título e as amarras editoriais da *Playboy* norte-americana, pode ser lida com prazer até hoje. Os maiores talentos do jornalismo, do humor, da fotografia e do design gráfico passaram por lá.

Mario de Andrade comandou a revista em outra época, quando cada diretor de redação era senhor absoluto do seu pequeno feudo, um *warlord*. Esses antigos senhores feudais se confundiam com seus títulos. Mario tocou a revista brilhantemente por 15 anos, até morrer vitimado por um ataque cardíaco. Acontece muito com jornalistas. Os diretores que o sucederam tentaram manter a fórmula original, com alguns toques pessoais. Mais futebol em determinado período. Mais política em outro. E assim por diante.

No final da década de 1990, o sucesso das masculinas inglesas levou a uma reorientação editorial da *Playboy* sob o comando da Cynthia, como mencionei antes. O movimento gerou grande descontentamento na equipe anterior da revista, que não perdia as oportunidades para "cornetar" publicamente sobre a "baixa qualidade da publicação" e a falta de "glamour". Não o Ricardo Setti, naturalmente, que é muito elegante para isso. Outros.

É curioso. Nunca vi ex-jornalistas da *Claudia* ou da *Cosmo*, por exemplo, se autoelogiando e repetindo "no meu tempo é que era bom, tinha 'glamour'...". E ainda dizem que as mulheres é que são vaidosas, veja você. Além do mais, o principal ingrediente da revista do Mario não era o "glamour", mas a inteligência.

Ok, chega de tergiversar.

Os amigos não entendiam por que eu relutava em aceitar a proposta da *Playboy*. Era a *Playboy*, *cazzo*! Qual era a dúvida? O que pesou na minha decisão foi uma única coisa. Na verdade, uma pessoa. Jairo Mendes Leal. Jairo era agora o presidente da Abril, mas eu o conhecia de outros tempos. Na época em que a *VIP* fazia parte do grupo da revista *Exame*, Jairo era o diretor de publicidade. Nós nos encontrávamos nos corredores, no elevador e no fumódromo, que naquele tempo ainda existia. Éramos colegas. No dia em que aconteceu a intervenção na *VIP*, houve um jantar de desagravo ao Marco Antônio no restaurante Gardênia, em Pinheiros. Muita gente passou por lá e o Jairo foi um dos primeiros a chegar e um dos últimos a sair. Ele estava inconformado com as demissões. "Aranzinho, ninguém sabe o que a gente fez pela *VIP*! Ninguém sabe!", me lembro dele falando.

Pois é, era esse cara que estava me chamando de volta para a Abril e dizendo que precisava de mim. Como dizer não? Eu fui. Parte da equipe da *Sexy* (Jeferson e Jardel) foi comigo e se juntou a outros jornalistas talentosos que já estavam na revista (Luiz Rivoiro, Adriana Negreiros, Fernando Mello...).

No primeiro mês eu tive vontade de sair correndo. No segundo mês eu tive vontade de sair correndo e gritando. Uma vez o Sérgio Berezovski, o Berê, então diretor da *Quatro Rodas*, me perguntou:

– E aí? Como vai lá?

Usei uma metáfora automotiva:

– Olha, Berê, eu tinha um fusca envenenado que voava, agora eu tenho uma Ferrari sem motor...

A *Playboy* era um negócio dez vezes maior que a *Sexy*. Mas enquanto a *Sexy* estava em rota ascendente, a *Playboy* fazia o caminho inverso. Iludidos, marketing, comercial e circulação sonhavam com números que não existiam mais. Imaginavam que as tiragens absurdas da década de 1990 pudessem ser recuperadas. Combater essa grave miopia empresarial era a primeira, a segunda e a terceira função do diretor da revista. Os "corneteiros" faziam eco e a palavra "glamour" era frequentemente pronunciada, mas a questão era bem mais dramática para quem se dispunha a analisá-la a sério.

O sucesso editorial da *Playboy* no Brasil é fruto do talento dos vários jornalistas brilhantes que passaram por lá, mas também deve muito ao espírito do tempo. O tal do Zeitgeist. A *Homem*, nascida em 1975, passou a ser *Playboy* em 1978 e se tornou adulta no pós-ditadura, a selvagem década de 1980. Sim, foram anos loucos. De uma vez só, despencaram os militares, a censura, o moralismo, os ícones, tudo. A carcomida e reacionária música popular brasileira (MPB) foi afrontada por uma molecada que queria fazer rock'n'roll em vez de se lamuriar em cima do palco. O humor foi virado do avesso pelo atrevido jornal *O Planeta Diário*, a *Casseta Popular* e o teatro do besteirol. A esquerda tradicional e careta foi confrontada pela tanga de crochê do Fernando Gabeira e pelo personagem Meia Oito do Angeli. Roberta Close, que na época ainda tinha um pênis, se transformou de repente no maior símbolo sexual do Brasil. As passistas das escolas de samba foram substituídas por rainhas de bateria, que desfilavam cada vez mais peladas. Topless era básico.

Repare: tudo o que acontece no Brasil de hoje é uma reação conservadora à década de 1980, essa sim revolucionária e iconoclasta. E a *Playboy* foi fomentadora e beneficiária dessa efervescência cultural. Posar nua era *cool* e era libertador.

Já o sucesso comercial da década de 1990 foi sustentado pela adesão da revista às "famosas" e também pela estabilização da moeda a partir de 1994, com o Plano Real. Quando Joana Prado, a Feiticeira, vendeu assombrosos 1 milhão e 500 mil exemplares em 1999, o preço de capa da revista era R$ 6,00. Em 2006, quando cheguei à *Playboy*, a revista custava R$ 10,99. A partir de 2007, o preço subiu regularmente até bater em R$ 12,90, preço da última edição que fiz. A inflação no mesmo período foi de 5,9%.

O aumento progressivo do preço de capa e o crescimento exponencial da internet foram fatais para o modelo de negócios da *Playboy*. Todo mês os ensaios de capa eram pirateados e disponibilizados gratuitamente em sites eróticos ou distribuídos via e-mail. Quando a bandeirinha Ana Paula saiu na revista, em julho de 2007, o ensaio foi roubado na própria gráfica, antes mesmo de a revista ser impressa, o que levou a uma minuciosa investigação interna. Pegamos o cara, um coitado que havia acabado de chegar à empresa. Mas, no geral, quem "roubava" as fotos era o próprio assinante, que escaneava as imagens para "presentear" os amigos que, claro, as passavam adiante.

Graydon Carter, o fundador da *Spy*, uma das revistas mais influentes da década de 1980, e atual diretor da *Vanity Fair* tem uma frase ótima: "Jornais falam sobre o mundo. Revistas falam sobre o mundo delas". Uma revista faz um recorte da realidade para o seu leitor. Uma revista é um ponto de vista empacotado. No mundo ideal é esse "ponto de vista" que deve seduzir o leitor e não a "famosa" contratada para a capa. Só que o modelo de negócios da *Playboy* previa alavancagens artificiais de vendagem ao longo do ano. Nos bons tempos, duas celebridades bastavam e o restante dos meses podia ser tranquilamente preenchido com rainhas da Festa da Uva e *instant celebrities* ("fogueteiras", musas de passeatas etc.).

Mas essa fórmula agora trabalhava contra a revista. Quanto maior a celebridade, mais alto era o custo e maior era a pirataria. Duas capas "erradas" podiam inviabilizar o ano não apenas da *Playboy*, mas do núcleo de revistas masculinas inteiro. Era quase impossível ter duas grandes "celebridades" por ano, então a solução era espalhar "minifamosas" pelas 12 edições. Na primeira década do século XXI, a salvação da lavoura foi o *Big Brother*, que sempre trazia mulheres que propiciavam uma boa relação custo-benefício. Perdão pela ausência de "glamour" na observação, mas no mundo da *Playboy* só quem mora numa mansão cercado de coelhinhas é o Hugh Hefner. E até isso é meio *fake*. Mas essa também é outra história.

O modelo baseado na "famosa" estava falido, mas a editora não tinha energia nem paciência para repensá-lo. Frear a pirataria era considerado dispendioso e improdutivo, logo a única opção, achávamos eu e minha equipe, era fazer uma revista para quem ainda gostava de ler revistas. O básico. Olhamos muito para a *Playboy* feita pelo Ricardo Setti e estudamos cuidadosamente e com prazer a revista do Mario de Andrade. E, claro, também não ignoramos as mudanças ocorridas no segmento a partir da década de 1990. Em 2007, o diretor de arte Alexandre Ferreira se juntou ao time, que já trabalhava num projeto que fosse capaz de pelo menos estancar a inevitável derrocada.

Primeiro estabelecemos um calendário de edições temáticas ao longo do ano. Pensávamos que isso poderia ancorar a publicação para além da mulher. Em janeiro tinha a edição de humor. Em maio, a edição de moda. Julho, gastronomia. Agosto, a esperada edição de aniversário. Setembro, música. Dezembro, a edição de verão.

Desde a primeira edição da *Playboy* norte-americana, a literatura teve papel de destaque na revista. Nós reavivamos a tradição com Ivan Lessa (que ficou na revista até sua morte), Rubem Fonseca, Marçal Aquino, Patrícia

Melo, Mario Vargas Llosa e Woody Allen, entre muitos outros. Mas promovemos uns casamentos interessantes. Chamamos Milo Manara para ilustrar Patrícia Melo, juntamos Ralph Steadman com Marçal Aquino e Angeli com Woody Allen. Trouxemos de volta Benício e Ziraldo, dois colaboradores da época do Mario de Andrade que faziam tremenda falta à revista. Eu tinha o sonho de também trazer Ronald Searle para ilustrar para nós, mas ele não colaborou. Morreu em 2011.

Na fotografia, fomos resgatar J.R. Duran e Bob Wolfenson (eles tinham ido para a *Sexy* comigo) e acrescentamos vários outros talentos ao time, como Jacques Dequeker, Maurício Nahas, Autumn Sonnichsen, Luis Crispino, Sérgio Kovacevick e Márcio Scavone. Nos sete anos em que estivemos lá, fomos indicados todos os anos ao Prêmio Abril de Jornalismo em várias categorias. Ganhamos muitos, especialmente com os entrevistões. Passaram por lá Fernando Henrique Cardoso, José Dirceu, Millôr Fernandes, Jece Valadão (foi a última entrevista dele), Fernando Gabeira, Paulo Coelho e dezenas de outros.

Mas o jogo, claro, continuava sendo a "famosa" da capa. Falar em valores é muito deselegante, mas, quando assinei com Cleo Pires para a capa de aniversário em agosto de 2010, passei várias semanas sem dormir. Um pequeno erro no cálculo de vendas teria afundado o núcleo inteiro. Só que adrenalina também vicia. No ano seguinte eu queria aumentar a aposta e bancar Carolina Dieckmann na capa. Não deu, infelizmente.

Fizemos várias outras coisas bacanas no período, mas o ditado português avisa que "elogio em causa própria é vitupério". Melhor parar. E, além disso, a verdade é que todo nosso esforço foi em vão. Absolutamente em vão.

Em dezembro de 2011, pouco antes dos feriados de Natal, Felipe Zobaran, *publisher* do núcleo de revistas masculinas, reuniu os diretores de redação das revistas *VIP*, *Men's Health* e *Playboy* e comunicou que havia sido demitido. Foi um choque para todos nós, mas principalmente para ele próprio. Zoba, como nós o chamamos, se vangloriava de ser amigo de Giancarlo Civita, o Gianca. Mais do que isso, estava seguro de que fazíamos um trabalho consistente de defesa do segmento. Nas mãos de outros, ele dizia, aquelas publicações já teriam naufragado.

Voltei para a redação e dei a notícia ao redator-chefe, Jeferson de Sousa, e ao diretor de arte, Alexandre Ferreira. Ansioso, elétrico, roubei o cigarro de alguém e corri para o elevador. Encontrei novamente o Felipe Zobaran, que tinha limpado as gavetas e estava deixando a empresa com olhos úmidos.

Em janeiro de 2012, a Abril tirou da cartola uma editora de revistas femininas e a nomeou *publisher* do núcleo. Na primeira reunião, ela disse que o problema da *Playboy* era a falta de "glamour". Eu fui até o departamento de recursos humanos e pedi minha demissão. Nada muito heroico. A saída foi negociada e fiquei por lá mais um ano.

Meus sete anos de *Playboy* tiveram momentos divertidos, mas, quando eu me recordo, penso é em Sísifo. Aquele mortal metido a besta condenado a empurrar eternamente uma pedra ladeira acima só para vê-la rodar ladeira abaixo.

Na minha conversa de despedida com o Jairo Mendes Leal, ainda então o presidente da editora, eu disse a ele: "Não existe saída. Ou a *Playboy* faz uma revista de famosas seminuas ou faz uma revista de anônimas nuas. Mas a fórmula da famosa pelada não funciona mais, seja pelo aspecto financeiro, seja pelo aspecto cultural".

Em 2015, a *Playboy* norte-americana anunciou que não teria mais ensaios de nudez. Três meses depois, a Abril desistiu de publicar a revista no Brasil.

EDSON ARAN

é escritor, roteirista e jornalista. Escreveu, entre outros, o romance *Delacroix escapa das chamas* (Record) e *Imbecilismo – e outros textos de humor* (Geração Editorial). Fez parte da equipe de roteiristas que reformou o humorístico *Zorra*, da TV Globo, e é cocriador da série de animações History Drink, exibida no *History Channel*. Foi redator-chefe da revista *VIP* (1998-2003) e diretor de redação de *Sexy* (2004-2005) e *Playboy* (2006--2013). Atualmente é editor do site de humor República dos Bananas e escreve seu novo livro, *O livro das conspirações*, a ser lançado em 2016.

UMA EVANGÉLICA TIRA A ROUPA

Thales Guaracy

A porta da redação da *Playboy*, no décimo andar do Edifício Abril, foi aberta com um estalido. Fechada eletronicamente para permitir o acesso somente de gente credenciada, não só por ser para "maiores de 18 anos" como para proteger o tipo de conteúdo com que ali se trabalhava, era como um cofre-forte. Entrou a modelo Aline Franzoi, estrela da capa daquele mês, acompanhada de um rapaz de meia estatura, com um pouco de barba que não escondia o ar aflito.

O casal cruzou o salão, decorado com mais de duzentas miniaturas de capas da *Playboy*, o pôster de Marilyn Monroe assinado por Hugh Hefner, comprado pessoalmente por Roberto Civita, e uma dezena de quadros de mulheres nuas com dedicatórias ao pessoal da redação. Os dois se sentaram à minha frente, na sala de vidro onde eu despachava, ao lado de um display de papelão que reproduzia uma Cleo Pires em tamanho natural, a lembrar todo o tempo o que eu estava fazendo ali.

– Eu estou sendo ameaçada de morte! – disse Aline, olhos muito abertos, assim que se acomodou, inclinada para a frente.

Não era brincadeira: falava a verdade e estava assustada, mesmo. Para mim, naquele quadrante, só faltava aquilo – mas nada mais espantava.

Era junho de 2013 e fazia três meses que eu estava no comando da revista, posto para o qual tinha sido convidado por Roberto Civita por meio de um emissário, o então secretário editorial da Abril Mídia, Alfredo Ogawa. Quando a gente vai para qualquer emprego, imagina que encontrará grandes desafios. Mas eu nem de longe sonhava com o que estava por acontecer.

Para começar, jamais vi Roberto. Ao chegar para o trabalho, em abril, ele estava hospitalizado. Uma cirurgia que devia ser de rotina o manteve um mês internado, até a morte. Roberto não voltou e assim, de saída, perdeu-se não só o editor da Abril, como o apoiador fundamental da ideia de revigorar a revista dentro da empresa, tarefa que ele havia me destinado depois de me pedir, assim mesmo, um plano de ação escrito em vinte linhas.

Ele acabara de renovar o contrato de licenciamento com a *Playboy* norte-americana, uma parceria que caminhava para completar quarenta anos. Porém, era um desafio grande continuar pagando os *royalties* que os norte-americanos exigiam, vindos dos tempos em que *Playboy* era uma das mais rentáveis publicações do país.

Naquela época em que o mercado de publicações impressas declinava rapidamente, substituído pelo digital, a *Playboy* brasileira era insignificante na internet. Meu primeiro compromisso era o de cortar gastos dramaticamente e, com uma equipe reduzida praticamente à metade, fazer uma revista melhor.

Isso significava, acima de tudo, trazer de volta as grandes mulheres à capa da *Playboy* – uma marca registrada da publicação brasileira e fator determinante das vendas em banca no passado. Fazia algum tempo que os leitores reclamavam da ausência de mulheres à altura da história da revista. Mulheres saídas do *Big Brother* se tornaram repetitivas e por fim se transformaram no símbolo de uma fase sem imaginação.

A missão de recuperar a *Playboy* encontrava grandes obstáculos. O primeiro é que as celebridades já ganhavam bastante dinheiro com publicidade e mesmo valores muito altos não eram mais capazes de convencê-las a posar nuas. Segundo problema, e não menor, é que a era digital mudou a configuração de tudo. Como se podia copiar a revista e transmitir as fotos piratas, que tinham ampla e rápida circulação, muita gente simplesmente deixava de comprar a publicação impressa, o que causava uma queda violenta das vendas em banca e, consequentemente, de publicidade.

A reprodutibilidade das fotos, claro, também inibia as mulheres, que antes tinham a garantia de que sua nudez sairia de circulação junto com a revista impressa. Na internet, não: ficavam nuas para sempre. Um constrangimento para muitas, que não queriam essa exposição permanente, por conta delas mesmas, dos maridos e, sobretudo, dos filhos, presentes ou futuros.

Com o enfraquecimento econômico, a *Playboy* já não tinha recursos para pagar bem por suas musas. Graças a uma ideia infeliz de gestões anteriores, espalhara-se a informação de quanto a revista pagava para suas estrelas, de forma a inflacionar o mercado e derrubar as concorrentes com menos poder financeiro. Ocorria que nem a *Playboy* podia mais pagar aqueles valores. As mulheres, porém, não queriam saber de conversa. Antes de tudo, perguntavam do dinheiro.

Assim que assumi, vi que não havia material algum de trabalho deixado pela gestão anterior. Tive de fazer duas capas de emergência, até ver como saía daquela enrascada. A primeira capa foi um ensaio com fotos já prontas do fotógrafo J.R. Duran, um amigo de longa data, feitas originalmente para o canal Multishow com as participantes do programa *Casa bonita*, onde não havia o chamado nu frontal.

A venda da edição do *Casa bonita* foi historicamente das mais baixas da *Playboy*. A reação dos leitores, manifesta em cartas à redação e na internet, por meio de blogueiros que pareciam não fazer outra coisa na vida senão me espinafrar, foi a pior possível. A situação não melhorou na edição seguinte, quando tapei novamente o buraco com um ensaio de Tamara Ecclestone, a filha do chefão da Fórmula 1 Bernie Ecclestone, publicado pela edição norte-americana no mês anterior.

Fazia algum tempo que a *Playboy* norte-americana já não publicava celebridades em suas capas. Muitas delas nem mesmo traziam mulheres – eram temáticas. Mas estava claro que eu não poderia fazer a mesma coisa no Brasil.

Meus amigos, como todo mundo, me tratavam como se eu tivesse um emprego genial e a melhor vida do mundo. Afinal, um sujeito que tira a roupa das grandes mulheres, quem não quer isso? A realidade é que eu dormia pouco, comia mal e andava estressado como poucas vezes na vida. Evitava dizer o que fazia, para não ter de ouvir sempre as mesmas piadinhas.

Logo eu descobriria que ser diretor da *Playboy* era como ser técnico da Seleção Brasileira de Futebol. Todo mundo achava que sabia o que fazer no seu emprego, não conhecia as dificuldades do trabalho, e cobrava o impossível. A *Playboy* era também um caso passional. E a "torcida" xingava o técnico das piores coisas, quando não ia para as bancas o que esperavam.

Eu tinha ainda um plano, claro, o mesmo que apresentara a Roberto – mas suava para levá-lo adiante sem a ajuda dele. Trazer de volta os fotógrafos identificados com a revista era um dos pontos. Uma reforma gráfica na revista, para deixá-la mais atraente e contemporânea. Investir na internet. E, o mais complicado, convencer as mulheres a voltar à *Playboy*, mais pela revista que pelo dinheiro.

A *Playboy* sempre teve muito bom jornalismo, das

grandes reportagens à clássica entrevista e o serviço de qualidade para o público masculino. Eu também procurei investir na reportagem. Porém, há bastante tempo a principal tarefa do diretor de redação era trazer as mulheres para as páginas da publicação – e eu não imaginava quanto aquilo tomaria do meu tempo. E da minha energia.

Tinha uma grande lista de prospectos, mas esbarrava na questão financeira. Com a morte de Roberto, o apoio financeiro da Abril para a revista se extinguia. Pelas contas, para levar a revista de novo ao azul, eu não podia pagar mais que 10% do dinheiro que vinha sendo oferecido antes às estrelas de capa. Além de cortar custos de cabo a rabo.

Reduzi minha lista para algumas mulheres em que vi melhores possibilidades. Mirava sobretudo na então protagonista da novela das nove na TV Globo, *Salve Jorge*, uma bela morena que acabava de despontar para o estrelato: Nanda Costa, natural de Paraty. A novela acabaria em julho e eu pensava nela para estrelar a clássica edição de aniversário, em agosto.

Olhava também para Antônia Fontenelle, a viúva do ator e diretor Marcos Paulo – achava ótima a ideia de tirar uma mulher do luto junto com a sua roupa, algo que traria certamente repercussão. E gostava também de Pietra Príncipe, a loirinha desbocada do *Papo calcinha*, do Multishow, no qual um grupo de mulheres falava verdades supostamente não sabidas pelos homens, onde ela era a atração mais picante, em todos os sentidos.

Fiz os contatos, mas o problema, sempre, era o dinheiro. Eu procurava enfatizar a importância de entrar para a galeria histórica da *Playboy* e o que aquilo produziria na vida delas. Todas aquelas mulheres, porém, já tinham alta exposição na mídia. A questão, no fim das contas, caía sempre no mesmo lugar: dinheiro.

Sem poder pagar por uma celebridade, fiz o que minha experiência de trinta anos em comunicação indicava – procurei alavancar a venda com um tema do momento. Naquela época, começava a entrar na moda o Ultimate Fighting Championship (UFC) – a liga de vale-tudo, que ganhava audiência rapidamente. E logo pensei na capa "Ring Girl": a garota que circulava pelo octógono antes das lutas e nos intervalos, com a placa do próximo *round*.

Telefonei diretamente para Camila Oliveira, a Ring Girl oficial. Não quis nem se sentar comigo para falar do assunto pessoalmente. Por telefone, falou de um dinheiro que eu não tinha, como condição para começar a conversar. E, diante das minhas contemporizações, no final disse que não tinha interesse.

Pensei em apelar. Liguei para Grace Tourinho, vice-presidente do UFC, executiva no comando dos negócios da franquia no Brasil. Pedi ajuda para convencer Camila a mudar de ideia, com o argumento de que seria bom para a promoção do UFC ter uma Ring Girl na *Playboy*: ela se tornaria também uma atração. Grace me disse que não podia interferir e eu tinha de me virar diretamente com Camila.

Mencionei então Aline Franzoi, que fizera dupla com Camila em algumas lutas, alguns meses antes.

– Mas a Aline não está mais no nosso quadro de Ring Girls – ela disse.

Pelo que entendi, Aline havia tido alguns problemas de relacionamento com a organização do evento. E assim deixara de ser convidada. Perguntei se ela não poderia voltar, se eu a colocasse na revista. Grace começou a ficar de mau humor.

– A senhora não está entendendo – eu disse. – Ela já foi Ring Girl. E, se eu puser essa mulher na capa da *Playboy* dizendo que ela é a Ring Girl, então ela será "A" Ring Girl.

E enfatizei aquele "A", maiúsculo.

Ela não pareceu nada satisfeita. Não podia me impedir de fazer nada, desde que eu não usasse a marca UFC, mas praticamente bateu o telefone na minha cara.

Ao contrário do que eu poderia esperar de alguém que já tivera problemas de relacionamento no trabalho, Aline foi permeável ao convite e aceitou conversar pessoalmente. Moça simples, nem mesmo reclamou do cachê, que estava dentro do que eu podia pagar – e ela, acostumada a receber. Encarou aquilo como mais um "trabalho de modelo".

Eu estava certo de que o tema "Ring Girl" podia compensar o fato de ela ser pouco conhecida. Só precisava de uma bela produção. Com um cachê mais baixo, eu quebraria aquela corrente em que nenhuma mulher cedia quanto ao dinheiro, levando a revista ao desastre.

Realizado em prazo recorde, o ensaio, locado numa academia de artes marciais mistas (MMA), ficou um espetáculo. Diferente da maioria das modelos, Aline era uma falsa magra: tinha belas formas, um corpo de músculos delineados que combinou com o tema e o cenário, tudo muito forte e sensual. E a revista foi para as bancas em junho.

Eu estava confiante no tema "Ring Girl", mas tive uma surpresa. Ninguém soube como, um colunista social, Léo Dias, do Rio de Janeiro, descobriu que Aline era evangélica. Dessa forma, começou a se espalhar viralmente que a *Playboy* acabara de tirar a roupa da primeira evangélica de sua história. E as vendas de repente subiram.

Lógico que eu nem sabia daquilo. Entre tantas perguntas que tinha feito a Aline, não me passara pela cabeça indagar qual era sua religião. Eticamente, não acharia razoável explorar aquele tema para vender revistas. Na edição, não havia nenhuma menção a isso. De todo modo, estava dando certo: eu tinha uma capa da *Playboy* com repercussão, ao preço que a revista podia pagar. Não deixava de ter sido sorte.

Os comentários abarrotavam os celulares. Internautas comentavam a notícia com sentimentos que variavam da curiosidade e deslumbramento à raiva e à ironia. Escreveu um leitor no UOL:

Pergunta que não cala: "Será que o pastor onde ela congrega vai expulsá-la? Ou vai pensar duas vezes quando vir o valor de dízimo?" [...] "Dá para imaginar o Espírito Santo de quatro para milhares de homens se masturbarem? Onde vamos chegar?"

Na internet, as manifestações de repúdio de evangélicos se multiplicavam. Ela estava sendo perseguida. O que eu não sabia é que aquela massa ia se refinando até chegar aos radicais que a procuravam diretamente para fazer ameaças. E agora Aline estava ali, na minha frente, com o namorado. Disse que sua vida tinha se transformado num pesadelo.

Fiquei impressionado: não tinha ideia de que no Brasil, onde tudo parece mais brando, inclusive as manifestações preconceituosas, racistas e do radicalismo religioso, pudesse acontecer algo assim.

– Por que você não me disse que era evangélica?

– Eu vou ao culto de vez em quando – disse Aline. – Vou para me sentir bem. Minha religião é algo pessoal, não tem nada a ver com meu trabalho. E ser modelo, expor o corpo, é o meu trabalho.

Para mim, aquela não era uma questão editorial: era um caso de polícia. Perguntei se ela já tinha procurado uma delegacia, para prestar queixa das ameaças que estava recebendo. Recomendei que o fizesse. E chamei o advogado da Abril para ver se havia algo que nós pudéssemos fazer para ajudá-la. Ele recomendou algumas medidas de segurança. E sugeriu a Aline que evitasse se expor demais nos meses seguintes. Ofereci a possibilidade de lhe pagar um segurança.

Ela foi embora, tensa e preocupada. O namorado, que estava ali para dar algum apoio moral, parecia mais nervoso que ela. Pouco falou. E foi embora nervoso, também.

Tomei então uma atitude. Na Abril, uma empresa de comunicação, faltava comunicação. Fechei as portas de informação aos blogueiros que exploravam o noticiário da revista. Criei um blog no site da *Playboy* para dar notícias diretamente da fonte. E comecei a ocupar o espaço onde antes só havia críticas, especulações e contrainformação. Era preciso colocar o bem acima do mal no espaço virtual.

Aquilo criou muitos conflitos, que me causavam um desgaste diário, mas aos poucos a *Playboy* firmou seu próprio canal de informação e os blogs venenosos foram esvaziados. Cheguei a receber um blogueiro na redação para explicar como as coisas funcionavam de verdade e mostrar que eles ainda eram importantes, desde que me ajudassem a levantar a revista, e não a derrubassem, destruindo seu próprio foco de interesse.

Do seu lado, Aline fez o mesmo. Passou a dar entrevistas explicando sua posição. Ela tinha coragem. “Comecei minha carreira como qualquer outra pessoa que realmente acredita e corre atrás de seu sonho”, disse ela à revista *IstoÉ*. “Foi difícil, mas nada é impossível para aqueles que têm fé.”

Foi também aos órgãos especializados de comunicação. Ao portal Beraká, disse conciliar o ensaio da *Playboy*, a carreira de modelo e suas opções religiosas sem problemas. "Deus olha o nosso coração e a nossa intenção", afirmou. Ao Gospel Mais, que lembrou as "inúmeras discussões entre internautas cristãos, que discordam da decisão da modelo de posar para uma revista masculina", declarou: "Não gosto de me insinuar e tinha medo de ficar algo vulgar, mas não ficou. Fiquei bem nervosa no início do ensaio. Na primeira foto sem roupa, me deu vontade de fingir que ia desmaiar. Só que todos foram bem profissionais. A equipe me deixou bem à vontade; para eles, não fazia diferença se eu estava nua ou com roupa. Aí eu fui me soltando".

Felizmente, como eu previa, a reação ao desnudamento da primeira evangélica na *Playboy* foi se dissipando. Na medida em que as mulheres seguintes tomaram o espaço da edição anterior, a carga sobre Aline também diminuiu. A repercussão da capa com Aline me ajudou a convencer outras mulheres de que a *Playboy* tinha alguma força novamente. Consegui trazer o foco para a revista, acima do dinheiro, e conseguimos fazer uma grande sequência.

Depois de Aline, eu trouxe para a revista Antônia Fontenelle, a mais bela e célebre viúva do país. Para ela, foi como virar a página: deixou de ser a mulher de Marcos Paulo para ser novamente ela, uma atraente e talentosa atriz. Foi a redenção, para ela e para mim. Mesmo em tempos difíceis para publicações impressas, num mercado declinante, a *Playboy* de julho de 2013 foi a edição mais vendida em 12 meses.

Logo em seguida, com Nanda Costa na edição de aniversário, em agosto, tivemos a melhor venda na *Playboy* em mais de três anos, desde a segunda capa com Adriane Galisteu, quando a realidade ainda era outra. O fato de uma estrela da TV voltar a estampar a revista e a fofoca em torno do triângulo que ela conservava peludinho conforme a natureza, algo que parecia já em desuso num mundo obcecado pela depilação, catapultou o interesse pelo ensaio.

Nanda também foi corajosa, ao tirar a roupa em lugares públicos, bares e casas suspeitas de Havana, onde, apesar do cerco a tudo o que era norte-americano, havia uma verdadeira adoração pela marca "Playboy".

O esforço na internet ajudou igualmente. A *Playboy* tinha a maior receita do setor de estratégia digital e mobile da Abril, com a venda de fotos e vídeos exclusivos dos ensaios que produzíamos pelo celular. Em seis meses, o número de seguidores da *Playboy* nacional no Facebook cresceu de 200 mil para 1,4 milhão de usuários.

Com o súbito empuxo nas vendas, somado ao corte nos gastos, os rumores de que a revista seria fechada em 2013 se dissiparam. Mesmo já sem interesse em investir na *Playboy*, bem como em todas as outras operações de licenciamento da marca, a Abril lhe deu ainda dois anos de sobrevida dentro da empresa, por força da simples matemática.

Aline Franzoi, primeira evangélica nua na *Playboy*, sofreu ameaças. Mas fui eu que quase morri. E, no final, dei graças a Deus.

THALES GUARACY
é formado em ciências sociais e em comunicação social, ambas pela USP. Como jornalista, trabalhou em veículos como *Gazeta Mercantil*, *Veja*, *O Estado de S. Paulo* e *Exame*. Dirigiu revistas de estilo de vida como *Gula*, *VIP* e *Playboy*, entre abril e dezembro de 2013. É autor de romances e livros de não ficção, como *O sonho brasileiro*, biografia do fundador da TAM, Rolim Amaro, e *A conquista do Brasil*.

O FIM, A BABÁ, A MENINA AZUL, O RECOMEÇO

Sérgio Xavier

O fim

Era uma tarde preguiçosa e quente de dezembro. Revistas já rodando na gráfica, a preocupação com as próximas edições era pequena e distante. Nesses dias pacatos, um chamado para conversar na sala do chefe nunca é boa coisa. Quando a porta é fechada, não é, definitivamente, boa coisa. Na época, final de 2013, eu cuidava de três revistas ligadas a esporte e bem-estar da Editora Abril: *Placar*, *Men's Health* e *Women's Health*. Pela cara de gravidade da minha "chefa" Dulce Pickersgill, senti que cabeças rolariam. Talvez a minha, mas era mais provável que viesse um pedido da casa para cortes na equipe. Não era nada disso. Aquele era um convite-intimação. Estava sendo convidado para ser o 13º diretor da edição brasileira da *Playboy*. Quando se chega a certo nível hierárquico, a consulta é quase retórica. Se a empresa por alguma razão decide que você deve assumir algo, melhor topar.

Ser diretor da *Playboy* é uma honra. Sempre sonhei em trabalhar na revista. Menos pelas mulheres (os ensaios têm mais encrencas que "glamour"...), mais pelo conjunto da obra. A *Playboy* trata das coisas boas da vida, dos prazeres do homem. Viagens, bebidas, carros, reportagens de comportamento, e, claro, mulheres. E entrevistas. Sempre fui fascinado pelas entrevistas da *Playboy*. Longas, profundas, relevantes. Claro que era um tremendo convite para um jornalista que gosta de jornalismo de qualidade. A *Playboy* é tudo isso, mas...

Sim, havia um "mas". Minha missão à frente da revista começava sob o signo da crise. O ano que terminava naquele dezembro estava tingido por números vermelhos. Prejuízo de alguns milhões de reais provocado por vendas menores nas bancas, publicidade minguante e, principalmente, pelos pesados *royalties* cobrados pelos norte-americanos da *Playboy*. Já nessa primeira conversa-convite-intimação, minha chefa foi 100% sincera: eu dirigiria uma revista marcada para morrer, ao menos dentro da Editora Abril. Os acionistas estavam tentando devolver o título aos norte-americanos e só não tinham feito isso antes porque a multa também alcançava alguns milhões de reais. Minha missão era manter a revista com qualidade, só que com gastos menores, enquanto eles negociavam a redução da multa e a data da devolução do título.

Eu era um diretor-tampão dentro de uma banheira que se esvaziava a cada mês. Minha gestão poderia durar alguns meses ou mais de ano (durou exatamente dois anos). O prazo de existência não dependia mais de resultados de vendas, mas da negociação de multa de um contrato que se encerrava. E, nesse meio-tempo, eu precisaria guardar esse segredo. Se a história vazasse, a publicidade sumiria de vez e a Abril acumularia mais prejuízos. Eu era o capitão de um navio que afundava lentamente. E nem podia dividir a certeza do naufrágio iminente com a minha tripulação.

A babá

Ao contrário do que muitos pensam e escrevem, a *Playboy* brasileira nunca foi uma reprodução fiel do modelo original. Enquanto os norte-americanos costumeiramente estampavam capas de mulheres desconhecidas, no Brasil o que sempre funcionou foi a celebridade. O truque do criador Hugh Hefner era dar a impressão de que o leitor veria fotos de mulheres "possíveis", por assim dizer. A "menina do apartamento ao lado" ("*the girl next door*") que estava no ensaio não era inalcançável. Marilyn Monroe, Pamela Anderson e Kate Moss são exceções na história da *Playboy* norte-americana.

No Brasil, era o inverso. Mulheres lindas desconhecidas são raridades nos quarenta anos da *Playboy* no país. A edição brasileira sempre trabalhou com a ideia de desnudar mulheres da televisão, do esporte, do que fosse. Alguém tinha conquistado alguma notoriedade na mídia? Não se preocupe, amiguinho, a *Playboy* tirará a roupa dela para você. A atriz menina, a diva veterana, a jogadora de basquete, a delegada, a assistente de palco, a amante do facínora, assim a revista fez história e se tornou uma das mais bem-sucedidas edições internacionais da *Playboy*.

Só que a fórmula parou de funcionar. O mercado editorial mudou, o universo das revistas masculinas foi violentamente afetado pela explosão digital, a conta não mais fechava. O principal desafio gerencial do diretor da *Playboy* sempre foi acertar o cachê da mulher de capa. Ele podia ser alto, quase imoral. Desde que a mulher fosse suficientemente "forte" para alavancar vendas em banca e provocar um corre-corre nas agências de publicidade para anunciar na mesma edição. Eram três as variáveis disponíveis ao capitão do navio: vendas em bancas, publicidade e cachê. Ao longo dos anos, duas delas (bancas e receita publicitária) tinham sido carcomidas pelas novas mídias. A superoferta de erotismo na internet e a eficiente pirataria que garantia a chegada de fotos fresquinhas em nosso WhatsApp da edição que mal saíra da gráfica derrubaram as bancas. As novas mídias drenaram os recursos da publicidade, era preciso mexer na terceira variável dos cachês para a conta minimamente fechar.

Assim desembarquei na direção da *Playboy* no início de 2014. Um executivo da Abril tinha montado uma engenhosa planilha relacionando valores de cachês com vendas. Quanto mais aumentavam os cachês, mais fundo o buraco ficava. A mulher mais famosa mal mexia no ponteirinho das vendas. Em compensação, o tanque de recursos se esvaziava com velocidade quando os cachês eram mais generosos. No fundo, minha missão era resgatar a lógica da *Playboy* norte-americana da mulher desconhecida, e barata! Lá, eles tentavam cada vez mais mostrar ao mercado que a *Playboy* não era "revista de mulher pelada", mas uma relevante "revista masculina" que sabia como falar com o "homem moderno".

Tudo muito bonito, papo bacana. Mas, no fundo, uma crise danada. Por mais que a gente tentasse fazer uma revista com grandes entrevistas, reportagens de viagem, ensaios de moda, nosso problema central era a mulher de capa. Se já não era simples convencer uma celebridade de médio porte a tirar a roupa por centenas de milhares de reais, como fazer isso com muito menos? Apertamos o cinto e guardamos um dinheirinho a mais para a edição de aniversário de 2014. Jéssika Alves era a babá na novela das oito da Globo. Rosto angelical, corpo de ninfeta, em nada se parecia com o padrão bombado das modeletes que vinham estampando as capas da *Playboy*. Dura negociação. Ela, o agente e a família pensavam na *Playboy* do milhão. Nós contra-argumentávamos que tínhamos nos tornado a *Playboy* do tostão. Ficamos nos milhares, ainda assim um cachê respeitável. A aposta foi em vão. Vendas ligeiramente maiores que nos meses anteriores, com gastos consideravelmente mais altos. O fracasso ficaria mais evidente dois meses depois.

Fernanda Lacerda era a Mendigata, personagem do programa *Pânico*, da TV Bandeirantes. A audiência do canal se excitava quando ela aparecia na tela. Maltrapilha, maquiada como se estivesse suja, ela se misturava aos mendigos de verdade em São Paulo. Também invadia lugares frequentados pela elite. O corpaço, coberto por rasgados e sumários panos, trazia o inusitado do quadro. Mendiga, sim, mas pra lá de gostosa. Não nos empolgamos quando veio a sugestão de transformá-la em capa da *Playboy*. Fernanda já havia feito um ensaio na *Playboy* de janeiro com outras duas modelos desconhecidas em Fernando de Noronha, o "Belas da Praia". Nessa edição, a *Playboy* saiu com duas capas. Metade da tiragem teve a *top model* norte-americana Kate Moss na capa, metade veio com o trio brasileiro. Olhando de fora, parece uma insanidade editorial não aproveitar o investimento da matriz norte-americana e ficar apenas com a capa da Kate Moss. Só que o público da *Playboy* brasileira nunca se empolgou muito com uma celebridade importada. Por isso, a aposta em algo mais nacional, como as modelos praianas. E pelo que os números mostraram, a capa com as "Belas da Praia" vendeu até mais que a capa com a sofisticada (mas distante) modelo norte-americana.

O fato concreto é que parecia um equívoco estampar Fernanda Lacerda em outubro – ela já tinha mostrado a que veio na revista de janeiro. É verdade que Fernanda estava morena nas areias de Fernando de Noronha, a Mendigata de outubro era loira, estava mais turbinada. Parecia mesmo "outra" mulher. Apostamos nisso e... nos surpreendemos. As vendas de outubro, com um cachê mais modesto que se tornaria padrão dali para a frente, foram excelentes. Foram mais de 30 mil exemplares vendidos apenas nas bancas, fora os mais de 60 mil assinantes daquela época. Para os novos tempos, ótimo. A Mendigata, com um cachê seis vezes menor, vendeu mais do que a babá global dois meses antes. Era evidente que o caminho era esse, descobrir mulheres em ascensão pagando cachês possíveis.

Mas como achar outras Mendigatas?

A menina azul

Entender o fenômeno Mendigata era fundamental para equilibrar as contas da *Playboy* até que a Editora Abril conseguisse negociar a multa de rescisão de contrato com os gringos. Por que ela vendeu tão bem? A audiência dela no programa *Pânico* era muito menor que a da novela da nossa babá capa de aniversário. A diferença se dava, aí sim, nas redes sociais. A Mendigata bombava nos Facebooks da vida. Isso passou a ser um parâmetro importante na decisão de escolha das próximas capas.

A temporada 2015 começou com os mesmos problemas do ano anterior. Leitores ariscos comprando menos, assinantes relutantes na hora de renovar por causa da crise econômica e anúncios cada vez mais raros. Precisávamos seguir reduzindo custos. Em junho recebi o telefonema de um produtor musical. José Pena tinha trabalhado na Abril Music, éramos contemporâneos, tínhamos vários amigos em comum. Ele contou que estava trabalhando com uma jovem cantora da Grande São Paulo. Nunca tinha ouvido nada de Tati Zaqui, muito menos escutado seu "enorme" sucesso *Parara tibum*. Após uma breve pesquisa tive que retirar as aspas do adjetivo. O sucesso era enorme mesmo, Tati já andava com 10 milhões de visualizações no YouTube com uma paródia *funk* da célebre canção da Branca de Neve e os sete anões. Só então vi o clipe e quase desisti da ideia. Tati não era uma "mulher de *Playboy*". Corpo *mignon*, tatuagens, *piercings*, cabelo azul, ela estava mais para o mundo *underground*. Seu público também não parecia o mesmo da *Playboy*. Seus shows bombavam, mas na periferia das grandes cidades e no interior do Brasil.

Resolvi fazer um teste com a turma mais jovem da Abril. Quem conhece Tati Zaqui e o *Parara tibum*? A maioria absoluta não só já tinha visto ou dançado o *funk*, como demonstrou curiosidade em vê-la nua. Um primeiro problema: a versão rebolada e sensual da infantil música da Branca de Neve estava embargada pela Justiça. A turma da Disney tinha proibido a veiculação do clipe por não gostar nem um pouquinho da sensualização da trilha infantil. O segundo problema nem parecia um problema:

Tati era bissexual assumida, e não necessariamente o apetite masculino dos leitores da *Playboy* diminuiria – sem contar que poderíamos ganhar leitoras nessa edição.

Apostamos na maluquice. Chamamos um fotógrafo chegado em doideiras, o suíço Klaus Mitteldorf, que gosta de ousadias. O ensaio foi todo azulado e o título nem podia ser outro: "Azul é a cor mais quente", nome de um filme francês que relatava o amor entre duas meninas. O resultado do trabalho ficou, digamos, incomum. Fotos com cabelos e fundos azuis, ela sentada numa privada, com óculos de natação, teve de tudo. Tati seguiu não sendo uma mulher de *Playboy*, mas despertou o interesse geral. Ela era forte em Instagram, Facebook, e os fãs se mobilizaram. A revista se esgotou nas bancas menores, passou a sumir nas maiores. Recolhemos o pouco que havia restado e redistribuímos no mês seguinte – algo raríssimo. Foi a maior venda do ano. A menina azul surpreendeu: chegamos perto das vendas da Mendigata.

O recomeço

Em outubro de 2015 a Abril finalmente conseguiu negociar a devolução do título para os norte-americanos. Após quarenta anos publicando a *Playboy*, a Editora Abril saía do jogo com a última revista em dezembro. Um grupo de investidores do Paraná se acertou com a matriz em Los Angeles para editar a *Playboy* no Brasil já sabendo o tamanho do desafio. O fenômeno Tati Zaqui talvez seja um bom caminho para entender o futuro da revista. A *Playboy* continua uma marca importante no universo masculino. Um selo de qualidade. O coelho estampado ainda tem muita força. Mas o meio impresso perde para o digital, e, no digital, é uma batalha quase inglória tentar rentabilizar o conteúdo. Consome-se informação demais, compartilha-se para valer fotografias e vídeos, o fluxo é gigantesco. O problema é que ninguém quer parar na cancela do pedágio e pagar por algum conteúdo, eis a encrenca conceitual do mundo digital.

A reinvenção da *Playboy* passará, necessariamente, pela plataforma digital. Tati Zaqui é uma celebridade digital que atraiu audiência quando foi reconhecida e valorizada por uma marca relevante da "mídia tradicional". Após a *Playboy*, o cachê para os shows de Tati Zaqui duplicou. Ela também ganhou com a capa. Para seguir por mais quarenta anos a *Playboy* terá que descobrir com rapidez outros fenômenos e, o mais complicado, entender como apresentar e cobrar pelo que descobriu. Como? Quem tiver a resposta que escreva para 10236 Charing Cross Road, Los Angeles, California, aos cuidados de Hugh Hefner.

SÉRGIO XAVIER

é jornalista formado pela Universidade Federal do Rio Grande do Sul. Comentarista da BandNews e do SporTV, foi diretor de *Placar*, *Runner's World* e *Men's Health*. Foi diretor da *Playboy* por dois anos, de dezembro de 2013 a dezembro de 2015. É autor dos livros *Operação portuga*, *Correria*, *Vidas corridas* e *O dia em que me tornei gremista*.